젊은이들이여, 거룩한 소명의 길로 나아가자!

헤븐 조선

| 이수경 지음 |

쿰란출판사

추천사

올해를 지내면서 많이 접했던 단어가 바로 '헬조선'이란 말이다. 내가 처음 이 단어를 접했을 때는 무슨 말인지 이해가 되지 않아서 사전을 찾아보았지만 그런 단어는 검색되지 않았고, 설명도 없었다. 그래서 사이트를 열어서 그 뜻을 알게 되었는데, 정말 충격이었다!

왜 이 나라 젊은이들이 조국에 대해서 이런 생각을 하게 되었을까? 왜 이렇게도 경제적인 문제뿐 아니라 삶의 의미도 붙잡지 못하고 방황하며 살아갈까? 이 나라라는 공간이 자신들의 이상과 꿈을 성취하기에는 너무도 비좁고, 절망과 좌절의 골이 너무도 깊었던 것은 아니었을까 생각하지 않을 수 없었다.

여기 동일한 경험을 했고 그리고 아름답게 극복한 한 형제의 스토리를 소개한다. 그는 어린 시절부터 자신만의 아름다운 미래를 꿈꾸어 왔다. 하지만 대학을 마치고 사회로 나오려 하던 순간, 현실은 너무 높고 마치 도저히 넘을 수 없는 큰 장벽같았다. 하지만 그는 거기서 낙망하지 않고 자신이 진정으로 하고 싶은 것이 무엇인지, 또 현실성이 있으면서도 사람들에게도 유익한 것이 무엇인지를 찾고 또 찾았다.

여러 시행착오를 거치면서 남들이 무조건 목을 매는 영어나 한국 안에서의 취업이라는 현실의 장벽을 뛰어넘어, 일본어 공부와 일본에서의 취업에 도전한 것이다. 일본에서의 생활과 취업의 길은 열렸고 형제는 그곳에서 기쁘고 성실하게 일을 했다. 그러니 일본 회사로부터도 인정을 받고 빠르게 주요 업무도 맡게 되었다.

뿐만 아니라 그는 그리스도인으로서 매주 예배를 드리기 위해 주위의 조그만 일본교회를 찾았다. 작지만 아름다운 그리스도의 몸을 통해 위로를 받게 되었고 일본인 크리스천들 또한 이 형제를 통해서 큰 격려와 도전을 받았다.

이윽고 그는 이 작은 일본교회 공동체의 충성된 일원으로 받아들여졌고, 거기서 평생 함께할 일본인 배우자도 만났다. 지금 형제는 일본 땅에서 한 가정의 가장으로, 교회와 회사의 소중한 일원으로 행복한 삶, 헤븐의 삶을 누리고 있다.

형제는 일하면서 일본 현지에서 우리 일본복음선교회(JEM)에서 매년 실시하는 MJTC(일본선교사훈련코스)를 통신으로 훌륭히 수료했다. 이제 일본에 파송받은 평신도 선교사로서의 정체성을 굳건히 붙잡고 일상의 삶을 그리스도의 증인으로 아름답게 살고 있다.

환경과 여건 탓을 하며 불만족과 좌절 속에서 길을 찾지 못하는 이 시대를 사는 한국의 젊은이들에게 이수경형제의 "헤븐 조선"은 분명히 새로운 인생설계에 훌륭한 청사진이 될 것을 믿어 의심치 않는다.

2016년 12월 30일

이수구(일본복음선교회 대표)

추천사

　청년 실업이 참으로 심각하다. 한 경제연구원이 최근 발표한 청년체감실업률을 보면 수치가 34.2%에 이른다고 한다. 이것은 1999년 IMF 외환위기 이후 17년 만에 최고치이다. 3040세대 취업률도 감소했다고 한다. 청년들이 취업을 못하니 결혼은 물론 출산도 포기하고 있다. 소위 3포시대에 청년들이 절망하고 있다.

　청년들은 어디에서 희망을 발견할 것인가? 저자는 해외 취업을 강력히 권하고 있다. 이 책을 통해 젊은이들이 더 넓은 곳을 향해 나아가기를 소망하고 있다. 저자는 지금 일본에 진출한 한국 기업에 취업해서 결혼도 하고 비즈니스 선교의 꿈을 이루며 의미 있는 삶을 살고 있다.

　세계화로 말미암아 세계 어느 나라든지 한국 기업들이 진출해 있을 정도로 기업의 활동 영역이 넓어졌다. 이런 세계화 시대야말로 청년들이 해외로 진출하기에 절호의 기회라고 할 수 있다. 크리스천 청년이라면 해외 취업뿐만 아니라 비즈니스 선교까지 생각할 수 있을 것이다.

이 책은 평범한 일상 선교를 알기 쉽게 소개하고 있다. 저자는 선교가 아닌 것은 없다고 말한다. 저자는 한국리더십학교를 졸업한 나의 사랑하는 제자이다. 이 책을 통해서 해외 비즈니스 현장에서 하나님의 나라를 구현하는 기독 청년들이 많아지기를 기대하며 기쁨으로 이 책을 추천한다.

2016년 12월 30일

이장로(고려대 명예교수, 한국리더십학교장)

프롤로그

올해 초 한국에서 '헬조선'이라는 단어가 많이 들려왔다. 젊은 이들은 취업이 어려워 갈 곳이 없고 물가는 높아가는 '지옥 같은 한국 사회'라는 표현이다. 듣고 싶지 않은 단어지만 충분히 공감이 가는 단어이다.

나도 의료선교사의 꿈을 갖고 의학전문대학원을 준비하면서 3년이라는 시간을 보냈다. 고독한 독서실에서 3년을 지내면서 몸과 마음이 많이 힘들었다. 의학전문대학원 입학 삼수의 좌절을 맛본 후 취업으로 전향했지만 이 또한 쉽지 않았다.

영어 토익은 왜 이렇게 어려운 것인지, 도대체 이 시험에서 어떻게 900점이라는 점수가 나올 수 있는 것인지 앞이 보이지 않았다. 50군데 가까운 기업에 지원했지만 탈락이라는 쓴맛을 보았다. '과연 내가 취업을 할 수 있을까?', '과연 결혼은 할 수 있을까?' 많은 고민들이 넘쳐났다.

이때 의료선교사의 꿈을 이루지 못했지만 해외에서 취업을 통해 비즈니스 선교사가 되기로 결심했다. 쫓겨 도망가는 느낌이 들었지만 일본에서의 취업을 통해 비즈니스 선교사로 일본 교회를 섬겨야겠다는 생각이 들었다. 그때부터 인터넷을 통해 일본 전국에 나와 있는 한국인 채용 공고를 확인하면서 입사 지원을 시작했다. '일본 비즈니스 선교'라는 비전을 가지고 집중하기 시작했다.

그 결과 두 기업에서 최종 합격이라는 통지가 도착했다. 그리고 지금 거주하고 있는 일본 나가사키로 오게 되었다. 일본에서의 생활도 그리 만만치는 않았지만 한국에서의 생활보다 만족한다. 이곳에는 일자리가 있고 삶의 여유가 있기 때문이다. 또 비즈니스 선교사라는 정체성을 가지고 일본 교회를 섬길 수 있는 기회도 생겼다.

한국에는 많은 이들이 수도권 지역에 밀집하여 거주하고 있다. 공공기관, 기업, 학교가 한정되어 있으므로 자연스럽게 경쟁의 구조가 되고 말았다. 선한 경쟁은 서로 간에 유익을 주지만 현재는 극심한 경쟁으로 번지고 말았다.

주변 사람들은 나의 라이벌이 되었고, 승리하기 위해 밤낮없이 노력해야만 살아남는다. 취업이 쉽지 않아 많은 사람들이 비정규직으로 내몰리고 있다. 또 적은 월급으로 물가가 비싼 서울에서의 생활이 어려워 청년들의 결혼은 늦어지고만 있는 현실이다.

슬프게도 교회도 예외는 아니다. 수도권에는 많은 교회들이 몰려 있기에 이웃교회와 경쟁을 할 수밖에 없고, 목사님들도 청빙 받기가 쉽지 않아 많은 목사님과 경쟁을 치를 수밖에 없다. 한국의 유명한 신학교의 경우에는 입학을 위해 재수, 삼수까지 하는 학생들도 많다.

  이 책을 통해 많은 젊은이들이 더 넓은 곳을 향해 시선을 돌리고 더 넓은 세계를 향해 나아갔으면 좋겠다. 그곳에는 우리의 전공을 필요로 하는 사람들이 많이 있다. 뜨거운 복음의 열정을 가진 한국의 청년들을 환영하는 곳이 많다. 교회가 있지만 목회자가 없어 어려움을 겪는 성도들이 세계에는 많다. 역사가 있는 신학교이지만 입학생이 없어 어려움을 겪는 곳도 있다. 인도하심을 구하며 한걸음 내딛어 보기를 바란다.

  반드시 길은 열릴 것이다. 더 많은 한국 청년들이 복음을 들고 해외 선교지로 나갈 때 헬조선은 '헤븐조선'으로 바뀔 것이다. 이 거룩한 소명의 길로 여러분을 초대한다.

2016년 10월 19일
일본 나가사키에서 이수경

차례

| 추 천 사 | 이수구(일본복음선교회 대표) … 2
이장로(고려대 명예교수, 한국리더십학교장) … 5
| 프롤로그 | … 7

PART 1 이해

헤븐 조선 1	국제화가 key이다	16
헤븐 조선 2	평범한 일상 선교	19
헤븐 조선 3	21C 디아스포라 현상	22
국가 정보	– 인도 … 25	
헤븐 조선 4	역사적 책임	28
헤븐 조선 5	용서를 넘어 사랑으로	31
국가 정보	– 일본 … 34	
헤븐 조선 6	선교가 아닌 것은 없다	37
헤븐 조선 7	받은 만큼 주어야 할 때	40
헤븐 조선 8	선교의 길은 여행의 길	43
헤븐 조선 9	작은 것에서부터 시작되는 감동	46
국가 정보	– 중국 … 50	

PART 2
계획

헤븐 조선 10 강영우 박사의 성공 비결	54
헤븐 조선 11 선교를 방해하는 요소들	57
헤븐 조선 12 준비와 기다림의 시간	61
국가 정보 – 몽골 … 64	
헤븐 조선 13 선교의 기적	67
헤븐 조선 14 교육 선교	70
국가 정보 – 인도네시아 … 73	
헤븐 조선 15 약속을 기억하자	76
헤븐 조선 16 세 단계의 선교	79
헤븐 조선 17 잘 맞는 선교	82
헤븐 조선 18 방송 선교	85
국가 정보 – 아랍에미리트 … 88	

PART 3 실행

헤븐 조선 19 백 번째 지원 서류	92
헤븐 조선 20 인도하심과 도우심	95
헤븐 조선 21 선교지에서의 감사	98
헤븐 조선 22 동역자의 중요성	101

국가 정보 – 캄보디아 … 105

헤븐 조선 23 훈련의 필요성	108
헤븐 조선 24 선교지를 찾아라	111
헤븐 조선 25 해외 취업 도전기	115
헤븐 조선 26 통일한국을 꿈꾸며	119

국가 정보 – 북한 … 122

PART 4
검증

헤븐 조선 27 어려움 가운데 주시는 평안　126
헤븐 조선 28 허드슨 테일러의 선교　130
헤븐 조선 29 인내와 순종의 길　133
헤븐 조선 30 순교의 선교　137
국가 정보 – 브라질 … 140
헤븐 조선 31 선교사 모세　143
헤븐 조선 32 선교의 재료　147
헤븐 조선 33 돌파하는 믿음　153
헤븐 조선 34 조화로운 선교　157
국가 정보 – 터키 … 162

| 에필로그 |　… 165

PART 1 이해

헤븐 조선 1
국제화가 key이다

　요즘은 방학철, 휴가철뿐만 아니라 평일에도 공항에 사람들이 넘쳐난다. 많은 사람들이 해외여행을 떠나기 때문이다. 연휴에는 하루에 입출국자가 많게는 16만 명에 육박하고 있다고 한다.

　한국은 해외여행을 즐길 수 있는 국력과 개인적인 재력까지 더해져, 어린아이들부터 노년층까지 누구나 해외여행이 가능하게 되었다. 또 저가 항공사의 발전으로 예전보다 훨씬 저렴한 가격으로 해외를 왕래할 수 있게 되었다. 이제는 일본, 중국, 동남아시아 국가들도 국내 여행 비용 수준으로 다녀올 수 있기에 외국이 머나먼 곳으로 느껴지지 않는다.

　한국은 이제 세계에서 인정받는 국가가 되었다. 한국 여권을 가지고 있으면 많은 나라를 쉽게 출입국할 수 있다. 비자 없이 입국 가능한 국가가 156개국이라는 사실에 놀라지 않을 수 없다. 30년 전만 해도 해외여행은 제한되었고, 한국 여권으로 비자 없이 입국 가능한 곳도 그리 많지 않았다. 이렇게 단 시간 만에 한국이 급속도로 발전을 이룬 것은 하나님의 놀라운 축복이다.

한국의 기업들도 해외 진출을 활발히 이루고 있다. 세계적인 핸드폰, 자동차, 화장품, 가전제품, 영화관과 호텔까지 'Made in Korea'가 강세를 보이고 있다. 세계적인 많은 기업들을 한국기업이 M&A(인수합병)하는 뉴스들도 보도되고 있다. 축구 경기 혹은 세계적인 스포츠 대회에서 한국 기업 광고가 나오고 있고, 뉴욕 타임스퀘어와 같은 세계적인 중심지에는 항상 한국 기업들의 광고가 실시되고 있다.

요즘은 기업에만 머물지 않고 한국 사람들도 전 세계 사람들의 사랑을 받고 있다. 그 중심에는 한류열풍이 있다. 많은 한국 가수와 탤런트들이 해외 공연, 콘서트를 열고 있으며 현지 사람들에게 큰 사랑을 받고 있다. 한국 드라마는 이제 전 세계인이 시청하는 프로그램이 되었다. 드라마를 통해 한글과 한국 음식, 한국 문화가 전 세계에 소개되고 있으며 한국의 이미지를 향상시켜 주는 좋은 역할을 하고 있다.

교회 내에서도 국제화가 활발히 이루어지고 있다. 세계적으로 규모가 큰 교회들이 한국에 많기에 해외 성도들의 한국 방문이

끊이지 않는다. 한국 성도들의 기도와 헌신, 선교활동은 세계 많은 교회들에게 도전을 주고 있다. 또 한국의 많은 교회는 일 년에 한 차례, 많으면 두 차례 단기 선교 혹은 비전 트립으로 선교지를 방문하고 있다. 덕분에 선교지가 예전보다 멀게 느껴지지 않고 우리에게 친숙하게 다가온다.

현재 한국은 미국 다음으로 많은 선교사를 파송하고 있다. 2015년 기준으로 공식적으로 28,000명의 선교사가 해외에서 사역하고 있다고 한다. 파송 선교사가 많다는 사실은 선교지에 함께 협력해야 할 동역자를 많이 필요로 한다는 뜻이기도 하다. 복음만 전적으로 전하는 선교사도 필요하지만 그 선교사들과 협력할 성도들도 중요하다.

이렇듯 현재 한국에는 국제화가 활발하게 이루어지고 있다. 하나님께서 한국에 주신 축복의 때이다. 우리는 이 기회를 잘 활용하여 국제화를 통해 얻은 재물, 지식, 재능을 선교를 위해 적극적으로 사용해야 한다.

한국에서는 이곳을 찾아오는 관광객, 근로자, 탈북자, 유학생을 그리스도의 사랑으로 잘 섬겨야 한다. 또한 많은 크리스천 청년들은 복음을 들고 섬기는 마음으로 해외로 진출하기를 소망한다. 지금은 우리 민족이 선교해야 할 시점이다. 이 기회를 놓쳐서는 안 된다.

헤븐 조선 2
평범한 일상 선교

'선교'라고 하면 너무 어렵고 무겁게 느껴질 때가 있다. 자신의 모든 것을 버리고 목숨을 걸고 선교지에 가야 하는 큰 사명만을 생각할 때가 있다. 그리고 예수님만을 풀타임으로 전하는 전도자의 삶을 생각하기 쉽다. 하지만 시대는 빠르게 변화하였고 여러 가지 비즈니스가 생겨나기 시작했다.

현재 우리가 가지고 있는 스펙들을 가지고 해외로 눈을 돌려 보자. 영어 능력, 컴퓨터 능력 등 각자의 전공을 통한 능력들은 이미 훌륭한 자원이기에 해외에서는 보다 쉽게 취업이 가능하다.

현재 우리나라 청년들은 미국, 일본, 싱가포르, 캐나다, 중국, 중동 등에서 많은 활약을 보이고 있다. 신문과 뉴스를 통해 이같은 정보는 쉽게 접할 수 있다. IT와 같은 전문 분야도 있지만 한류의 발전으로 서비스 직종의 업무들도 상당히 많다.

나는 국내 기업의 호텔&골프장이 일본에 진출해 있는 나가사키 현지 법인으로 취직하게 되었다. 부끄러운 고백이지만 나의 최고 Toeic 점수는 585점이었다. 영어 공부를 열심히 하지 않았기에 당연히 매번 영어로 인해 입사 시험에 좌절의 쓴맛을 보았다.

하지만 나는 일어일본학을 전공하여 JPT만큼은 800대 점수를 가지고 있었다. 지금 재직 중인 회사의 입사 시험에서는 무엇보다 한국어, 일본어를 잘 할 수 있는가를 중점적으로 확인하였다. 그렇기에 한국에서는 50여 곳의 회사에 지원하여 모두 탈락했지만 일본에서만큼은 두 곳 회사에 합격하여 그 중 나가사키 회사에서 근무하고 있다.

일본에서의 직장 생활은 비교적 한국보다 잔업이 없고 경쟁이 심하지 않다. 무엇보다 일을 마치고 저녁 시간, 쉬는 날에는 취미 활동, 자기 계발도 적극적으로 이룰 수 있다. 한국의 반 강제적인 회식 문화도 없기에 효율적으로 시간을 활용할 수 있고, 자신이 절약한 만큼 저축도 가능하다.

한국에서 파견 온 주재원들도 일본으로 와서 가족과 보내는 시간이 늘어나 상당한 만족감을 나타내고 있다. 한국인과 현지인들과 함께 서로의 문화와 경험을 공유하며 협력해서 일하면 큰 시너지 효과를 나타낼 수 있다.

현재 일본 교회에서는 크리스천 청년들이 많지 않기 때문에 한국에서 온 청년들을 환영하고 있다. 우리나라 청년들의 열심 있는 신앙과 봉사, 헌금으로 현지 교회에 큰 힘을 보태고 있기 때문이다. 나는 일본 성도들과 함께 기도하며 전도하는 가운데 국적과 환경, 문화를 초월하여 그리스도 안에서 한 가족이라 느낄 때가 많다.

일본뿐만 아니라 해외 많은 곳에서는 한국 크리스천 청년들을 환영하며 기다리는 교회가 많다. 현지 교회가 없을 경우에는 한인교회 혹은 선교사님들과 예배드리고 함께 선교에 동참한다면 서로에게 큰 축복이 될 수 있을 것이다.

한국에서 일하며 신앙생활하는 것을 외국에서 일하며 신앙 생활하는 것으로 바꾼 것뿐이지만 우리는 이것을 '비즈니스 선교'라 부른다. 그 주체는 '비즈니스 선교사'라고 한다. 비즈니스 선교사는 취업 비자를 통해 공식적으로 비즈니스가 가능한 나라는 어디든지 입국이 가능하다. 또 비즈니스를 통해 현지인들과 쉽게 접할 수 있기에 선교에 용이하다.

눈을 돌려 해외를 바라보자. 목회자의 신분으로 입국할 수 없는 회교 국가, 불교 국가가 많이 있다. 그곳에 우리는 비즈니스 선교사로 들어가 복음을 증거할 수 있다. 한국의 많은 청년들이 비즈니스 선교사로 헌신하기를 기도한다.

헤븐 조선 3
21C 디아스포라 현상

　디아스포라의 뜻은 '씨앗을 뿌림', '흩어짐', 혹은 '흩어져 사는 자', '흩어진 곳'이다. 주로 성경에서 유대인으로서 이스라엘 밖의 이방 세계에 정착하여 사는 사람들을 일컫는 말이다. 흩어진 이유로는 전쟁 패배로 인한 포로로서 강제 이주나 지진 등 천재지변에 의한 주거 이동, 망명, 추방, 투옥 등에 의해서였다. 여기서는 신약에서 나오는 신앙에 대한 핍박 사건을 중심으로 살펴보려고 한다.

　예수님께서 십자가에 못 박혀 돌아가신 후 제자들은 예루살렘에 머물러 있었다. 성령을 받기까지 예루살렘에 머물러 있으라고 말씀하신 예수님의 말씀에 순종해야 했고, 한편으로는 자신들도 처형당할지 모를 두려움에 숨어 있었을 것이다. 마침내 오순절 사건으로 성령을 받게 되었고, 그 이후 제자들은 담대히 예수 그리스도의 부활을 선포하기 시작했다.

그러자 성도들이 하루에 3,000명이나 늘어나는 폭발적인 부흥이 일어났다. 예루살렘을 통치하는 로마와 유대교 지도자들은 더욱 그리스도교도들을 경계하였고, 끝내 박해하기 시작했다. 이로 인해 많은 그리스도인들이 참수당했고 신앙의 자유를 박탈당했다.

그 가운데 많은 크리스천들은 신앙의 자유를 위해 예루살렘을 떠나 메소보다미아 지역의 바대, 메대, 엘람, 소아시아 지역의 갑바도기아, 본도, 아시아, 브루기아, 밤빌리아, 애굽의 구레네, 로마, 지중해상의 크레타, 아라비아 등으로 떠나가기 시작했다. 이 사건을 계기로 예루살렘을 넘어 많은 곳에 예수 그리스도의 복음이 증거되었다.

우리 한국 기독교는 하나님의 은혜로 단기간에 폭발적인 부흥을 경험하였고 교회는 크게 성장하였다. 초기 예루살렘 교회와 같은 폭발적인 성령의 역사가 일어났다. 그러나 지금은 교회와 사회에서 일어나는 문제들로 인해 많은 이들에게 어려움을 받고 있으며, 성도들이 흩어지고 점점 소규모 교회의 형태로 변화되고 있다. 대한민국의 디아스포라 현상이 발생하고 있다.

사회에서는 '헬조선'이라는 말이 들려오고 있다. 청년들은 일자리가 없고 수입이 없기에 결혼을 미루고 점점 부익부, 빈익빈 현상이 심각해져 가고 있다. 청년들은 진학을 위해, 취업을 위해 엄청난 경쟁률을 뚫고 살아남아야 하며 살아남지 못한 자들은 한국을 떠나고 있다. 이것이 현실이다. 자신의 의지로 고국을 떠나는 사람도 있지만 환경에 의해 한국을 떠나야만 하는 사람들이 늘어나고 있다. 신앙이 좋은 한국 청년들도 쫓겨나듯 해외로 진출하고 있다.

해외로 진출한 한국의 크리스천 청년들이 각자의 지역에서 열심히 일하고 그 지역 교회를 열심히 섬긴다면 이들이야말로 선교사요, 예수 그리스도의 제자라고 할 수 있을 것이다. 초기 교회에서는 예루살렘 교회와 베드로와 같은 국내 사역자도 필요했지만 소아시아 여러 지역 교회와 로마에서 복음을 전하는 바울과 같은 선교사도 필요했다.

사도행전을 보면 이와 같은 국내, 해외 선교의 균형이 조화롭게 이루어져 있다. 한국 교회도 지금은 국내 선교를 넘어 세계 지역의 교회를 섬기는 선교사가 더욱 필요하다. 한국의 많은 청년들을 선교의 도구로 사용하시기 위해 환경을 사용하셔서 해외로 파송하시는 하나님의 손길을 바라보자.

지금은 문제와 어려움을 통해 아픔으로 떠나갈 수 있으나 우리를 복음의 통로로 사용하시는 하나님의 사랑을 경험할 수 있을 것이다.

국가 정보

수도: 뉴델리
언어: 힌디어(40%) 외 14개 공용어,
      영어(상용어)

인도

인구는 약 12억3천6백만 명으로 세계 2위를 기록하고 있으며, GDP는 약 2조 2,510억$로 세계 7위로 나타나고 있다. 인도는 민주주의 정치체제와 지방자치제가 일찍부터 정착되어 있는 국가이다. 종교는 힌두교(80.5%), 이슬람교(13.4%), 기독교, 시크교, 불교, 자이나교 순이다. 우리나라는 인도의 22위 수출대상국, 12위 수입대상국으로 자리매김하고 있다. 인도에는 많은 사람이 가난에 시달리고 있고 그 중심에는 카스트 제도에 따른 문제가 있다.

1. 역사

인도의 기독교 복음은 긴 역사를 자랑한다. 인도의 기독교 복음은 52년경 사도 도마에 의해 시작되었다. 기독교가 본격적으로 전파되기 시작한 것은 '근대선교의 아버지'라 불리는 윌리엄 캐리 때이다. 18세기 초반, 많은 선교사들은 기독교 공동체들의 성장을 위해 인도 전역에서 많은 일을 하였다. 윌리엄 캐리는 세람포 대학에서 일하면서 최초로 성경을 벵골어로 번역하였다. 그가 죽은 1833년 후 안토니 그로브스, 플리머스 형제 교회 같은 선교사들이 들어와 인도에서 선교 활동을 하였다. 자선 사업으로 잘 알려진 가톨릭은 인도 전역에 많은 건강관리 시설을 운영하고 있다. 빈민 중에서도 가장 가난한 자들에게 사역한 마더 테레사가 유명하다.

2. 현재

현재까지 공식 집계된 기독교인의 수는 인도 인구의 2.3%인 약 2천4백만여 명에 달하며 비공식적인 숫자는 그보다 많은 7%에 7천1백만여 명에 가까울 것으로 예상된다. 인도 교회는 전통 카스트 제도에서 최하 계급에 속하는 사람들과 부족 중심의 교회를 통해 거의 80% 가까이가 성장하고 있다. 아직까지 힌두교 극단주의와 무슬림 과격주의, 부족 갈등으로 인해 교회가 압력을 받고 있다.

교회는 핍박 가운데서 긍정적으로 반응할 수 있도록 준비하고, 다양한 교파 가운데 연합하여 서로 협력할 수 있는 사역들을 실시하고 있다. 인도에는 현재 한국 선교사가 약 1,059명 있다. 한국은 1990년대부터 대기업을 중심으로 인도에 많은 투자를 진행하고 있다. 인도 마힌드라 그룹은 한국의 쌍용자동차와 대우상용차 군산공장을 인수하여 운영하고 있다.

3. 비전

인도는 경제가 빠르게 성장하고 있고 12억 인구가 있는 거대한 소비 시장으로 부상하고 있다. 인도는 정보기술 분야에서 점점 세계 선두로 나서고 있으며, 우주산업에도 참여하고 있어 향후 과학 기술도 이끌어 나갈 것으로 보인다. 앞으로도 한국의 많은 기업들이 투자하고 교류가 확대될 전망이다.

현재 인도에서 기독교는 세 번째로 큰 종교로, 전문직에 종사하는 사람들과 지식인들의 상당수가 예수 그리스도의 복음을 많이 받아들여 더욱 성장할 것으로 보인다. 교회가 성장함에 따라 카스트 제도는 약화될 것이며 인도의 모든 사람들이 공정한 기회를 얻는 날이 찾아올 것이다.

헤븐 조선 4
역사적 책임

　한국은 삼국시대부터 불교를 받아들였기에 문화재와 유적지를 보면 불교와 연관이 깊은 경우가 있다. 또한 중국과 일본을 잇는 반도에 위치하고 있기에 중국에서 받은 많은 선진 문물을 일본에 전달하는 역할을 하였다. 우리는 삼국시대부터 불교를 일본에 전파하였다. 그 결과 현재 일본에는 많은 절이 존재하며, 지금도 일본 국민의 장례식은 대부분 불교식으로 치러지고 있다. 불교가 그들 문화의 일부가 되어버린 것이다.

　크리스천 시각으로 볼 때 우리 조상들이 많은 영혼들을 불교로 인도하였기에 우리가 일본 영혼들에게 큰 빚을 지고 있다고 할 수 있을 것이다. 우리 조상들이 불교를 전파했다면 이번에는 우리가 기독교를 전파해야 한다. 그리하여 예수 그리스도께서 일본 영혼들을 인도하여 구원하시는 사명에 도움이 되어야 한다. 즉 일본에 기독교를 전파해야 할 책임이 우리에게 있는 것이다.

일본은 우리 민족에게 역사적으로 큰 고통을 안겨 준 나라이다. 지금도 한국사회 곳곳에 일본으로부터 받은 상처들이 남아 있다. 그렇기에 일본만큼은 잘 사는 국가가 되지 않기를 바라기도 하고, 지진이나 쓰나미로 피해를 입었을 때는 한편으로 고소하게 생각하기도 한다.

우리같이 과거에 큰 아픔이 있는 피해자 민족이 그 가해자인 민족을 사랑한다면, 가해자 민족이 과거의 잘못을 얼마나 부끄럽게 생각하겠는가? 또한 얼마나 감사하겠는가? 이것이 성경에서 말하는 이웃 사랑과 원수 사랑이 아닐까 싶다. 이것이 많은 청년들이 일본에 와서 선교를 하기 원하는 이유이다.

한국에서는 많은 교회들이 경쟁적으로 신앙생활을 하고 있다. 교회가 밀집해 있기에 자연스럽게 경쟁도 발생하게 되었다. 경쟁이라는 것은 많은 성도가 있기 때문에 가능한 것이다. 하지만 일본 교회들은 서로 협력한다. 심지어 가톨릭과 개신교가 함께 기도하는 시간을 갖는다.

그 이유는 하나님 안에서 한 형제이기도 하지만, 또 다른 이유는 협력하지 않으면 생존하기 어렵기 때문이기도 하다. 이처럼 가까운 나라이지만 한국과 일본은 정반대의 현상을 보이고 있다.

현재 일본은 취업전성시대를 누리고 있다. 대졸자 취업률은 97%를 기록하며 21년 만에 최고치라고 한다. '아베노믹스의 성과'라고도 하지만 그 이면에는 인구 감소와 고령화 요인이 자리 잡고 있다. 앞으로 점점 노동인구가 감소할 추세이기에 많은 해외 인력들이 필요한 시점이다. 일본과 문화가 비슷하면서도 영어와 일본어를 구사할 수 있는 우리나라 청년들은 해외 인적 자원 중에서도 가장 우수하다고 평가받고 있다.

우리나라는 현재 청년 실업인구가 120만 명이라고 한다. 현재 우수한 많은 청년들이 재수, 삼수로 고시원에서 생활하고 있으며 취업 준비를 하고 있다. 정부에서도 해외 취업을 장려하고 있지만 대다수의 청년들은 해외로 취업한다는 것에 대해 패배자들의 선택이라는 시선을 가지고 있다. 하지만 지금은 기회의 때이다.

더 넓은 세계에 더 큰 꿈을 가지고 나갈 수 있는 찬스인 것이다. 한국의 많은 크리스천 청년들이 복음을 가지고 일본으로 진출했으면 좋겠다. 우리가 일본 영혼들에게 복음을 전하고 과거의 아픔을 넘어 사랑으로 섬기면 양국 간의 관계는 장차 더욱 밝아질 것이다. 일본에 크리스천이 늘어나는 동시에 과거의 잘못을 진심으로 사과하는 자각 있는 일본인들도 더욱 많아질 것이다.

"섬들이 나를 앙망하여 내 팔을 의지하리라"(사 51:5).

헤븐 조선 5
용서를 넘어 사랑으로

    우리나라와 일본은 지리적으로 가깝게 위치하고 있기에 예전부터 교류가 잦았다. 서로가 경쟁의 대상이 되기도 하고 선진 문물을 주고받는 협력의 대상이 되기도 하였다. 임진왜란에 이어 한일합병으로 인해 우리나라는 많은 어려움과 피해를 받게 되었다. 피해를 통한 상처는 쉽게 아물지 않고, 지금까지도 양국 간의 관계는 원활하지 못하다.

    기독교도 과거 일본으로부터 강요받은 신사참배, 교파의 강제합병으로 일본에 쉽게 마음을 열지 못하였다. 기독교가 짧은 시간에 성장한 대한민국과는 달리 일본은 우리나라보다 50년이나 일찍 기독교를 받아들였음에도 불구하고 인구의 1%도 예수님을 믿지 않는 실정이다. 또 '선교의 무덤'이라는 별명으로 많은 선교사들이 일본을 떠나고 있다.

그런 가운데에서도 유독 한국 선교사들의 숫자는 늘어나고 있는 추세다. 현재 1,500명이 넘는 선교사들이 일본에서 복음을 전하고 있다. 비즈니스 선교사까지를 포함한다면 훨씬 많은 숫자가 될 것이다. 왜 우리나라 선교사들이 늘어가고 있는 것인가?

고 하용조 목사는 하나님께서는 일본이 문제가 아니라 아픈 우리가 문제라고 하였다. 과거의 일본이 한국에 대해서 잘못한 것이 문제가 아니라고 하였다. 그보다 더 중요한 것은 과거에 잘못한 일본에 대해 분노의 감정, 잘못된 감정을 가지고 있는 것이 문제라고 하였다.

우리 민족은 점차 일본에 대한 과거의 분노와 감정을 해소하기 시작했다. 일본인들의 만행을 용서했고, 젊은 세대들이 일본을 품고 섬겨야 할 대상으로 여기기 시작한 것이다.

또 한 가지는 한류의 열풍으로 한국인들에 대한 일본의 마음이 많이 열리게 되었다. 고베의 한인교회를 방문하였을 때 재일교포에게 들은 이야기이다. 재일교포들이 많은 시간과 자원을 통해 한국의 이미지 개선을 시도했지만 실패했던 것을, 욘사마(배용준)가 한류 열풍으로 한방에 해결해 주었다는 이야기였다. 지금은 한국 드라마, 한국 가요, 한국 식품 등 한류가 많은 인기를 누리고 있다.

우리는 이 한류 또한 하나님께서 주신 선교의 기회로 삼아야 한다. 한국인들의 뜨거운 신앙, 깊이 있는 기도로 일본 교회를 섬길 수 있는 찬스가 왔다. 많은 수의 한국 성도들은 새벽예배를 드리고 금요철야예배를 드리며 기도와 예배 중심의 교회를 이룬다.

기도는 한국 성도들의 가장 큰 영적 무기이다. 아무리 영적으로 혼탁한 지역이라도 교회가 세워지면 기도를 통해 그 주변을 새롭게 변화시킨다. 일본에 있는 많은 한국 성도들을 통해 주변 일본교회가 변하고 그 지역이 새롭게 변화되는 모습을 본다.

아직도 일본에는 선교사가 부족하고 성도들이 부족하다. 교역자의 사례비를 지급할 수 없을 정도로 재정적으로 어려운 교회가 많다. 아름다운 교회 건물이 있지만 목회자가 없어 성도들이 모여 자체적으로 예배를 드리는 교회도 많다. 우리는 그곳으로 가서 어려운 교회들을 섬겨야만 한다.

한국 교회의 많은 인적, 물적 자원을 이제는 해외 선교에 투입해야만 한다. 그 일을 하기 위해 하나님께서는 한국 교회를 준비시키셨고 축복하신 것이다. 또 한류를 통해 한국을 향한 일본인들의 마음을 많이 열게 하셨다. 교회에서도 한국어 강좌를 실시하면 많은 일본인들이 참가를 희망하고 있다. 일본에서 한국어를 통해 복음을 전하는, 이전에는 상상조차 할 수 없었던 일들이 일어나고 있다.

국가 정보

수도: 도쿄
언어: 일본어

일본

일본은 한국과 거리상 가장 가까운 나라로 예로부터 많은 교역을 해왔다. 인구는 약 1억2천7백만 명으로 세계 10위에 속하고 있으며, GDP는 세계 4조 7,303억$ 세계 3위를 기록하고 있는 선진국이다. 일본 문화청에서 발간한 《종교연감》에 따르면, 2009년 1월 현재 일본의 종교인 수는 신도(神道) 약 1억 843만 명, 불교 8750만 명, 기독교 237만 명, 기타 888만 명으로 추산(복수가능)되고 있다.

"일본인들은 태어날 때는 신사(神社)를 찾아가고, 결혼할 때는 교회나 성당을 찾고, 죽은 후에는 절로 간다"는 말이 일본인들의 종교관을 잘 반영한다. 현실 세계를 위해서는 신사를 찾아 기원하며 사후 세계를 위해서는 불교를 찾아가 기도한다.

1. 역사

1549년 프란치스코 자비에르 신부를 통해 천주교가 널리 전파되었다. 하지만 1587년 도요토미 히데요시의 기독교 핍박으로 많은 신자들이 순교를 당하게 된다. 1597년 2월 5일 나가사키에서 26명의 신자가 십자가에 처형되어 순교했다. 그 후 30년간 계속 박해와 처형이 있었다. 1614년에서 1635년 사이 28만 명의 신자가 처형당했다.

1853년 페리 제독이 들어왔을 때 일본 개신교는 새로운 전기를 맞게 된다. 1858년 미일수호통상조약으로 인해 1859년 외국의 배에 문호를 개방하였으며, 4개월 후 7명의 개신교 선교사가 들어왔다. 1883년에서 1889년 사이에는 개신교의 급성장이 이루어졌다. 1911년 기독교단이 설립되었으며, 개신교는 새로운 성장기를 맞았다.

하지만 1930년 극우파와 과격파 군부에 의해 기독교는 또 다시 시련을 맞았다. 1945년에는 비로소 일본 헌법에 첫 종교의 자유가 선포되었다.

2. 현재

지금까지도 개신교가 널리 전파되지 못하고 신자가 509,668명으로 복음화율이 0.5%를 넘지 못하고 있다. 선교사들이 열매 없이 철수하는 경우도 많아서 '선교사의 무덤'이라고 불리기도 한다.

우리나라에서는 약 1,500명의 선교사가 파송되었고 계속 증가하고 있는 추세이다. 교통의 발달과 한류의 인기로 보다 한국과 친숙한 관계를 유지하고 있다. 일본은 고령화가 지속되고 있어 현재 일손이 많이 모자라는 실정이다. 우리나라가 일본과 비슷한 문화이기 때문에 한국인의 채용이 늘어나고 있으며 일본의 많은 기업이 한국인을 선호하고 있다.

3. 비전

앞으로 한국과 일본은 더욱 가까운 관계로 변화될 것이다. 경제, 문화, 사회 가운데 양국 간의 교류는 더욱 확대될 것이고, 이웃 도시처럼 왕래도 더욱 잦아질 것이다. 한국의 기독교도 일본에 활발하게 전파하게 될 것이다. 지금도 한국의 순복음교회, 온누리교회가 일본 대도시에 개척되어 선한 영향력을 미치고 있다.

앞으로는 한국인들이 일본 교회와 협력하여 아름다운 사역을 이어나갈 것이다. 일본 교회가 스스로 자립할 수 있도록 마중물과 같은 역할을 맡을 한국인 선교사, 비즈니스 선교사가 필요하다. 고령화가 급속도로 증가함에 따라 기독인 간병인과 같은 선교사도 많이 필요하다.

헤븐 조선 6
선교가 아닌 것은 없다

　퍼스펙티브 과정 중 첫 과에서 배울 수 있는 것은, 성경은 곧 선교의 기록이라는 것이다. 특별 인물만이 선교를 담당하는 것이 아니라, 성경 전체가 선교의 역사라는 사실이다. 선교라는 안경을 통해 성경을 보면, 하나님께서 직접 선교하시며 하나님께서 부르시는 사람들은 선교를 위해 부름을 받았다는 사실을 알게 될 것이다.

　"너는 말씀을 전파하라 때를 얻든지 못 얻든지 항상 힘쓰라 범사에 오래 참음과 가르침으로 경책하며 경계하며 권하라"(딤후 4:2).

　이스라엘 백성의 역사를 보면 끊임없이 외부의 공격을 받아왔다. 근본적인 이유는 하나님을 제대로 섬기지 않고 다른 신들을 섬기며 하나님의 계명을 어겼기 때문이다. 그렇기에 가나안 땅에서 쫓겨나기도 하고 이방 땅에서 포로가 되어 수많은 시간들을 흘려보내기도 했다. 그런 와중에서도 하나님께서는 이스라엘 백성들을 통해 유일한 신이라는 사실을 나타내 보이셨다.

구약 시대에는 하나님께서 요셉을 통해 바로의 꿈을 해석하게 하시고 세계적인 기근에서 건져 주시며 스스로를 드러내셨다. 애굽에서 모세를 통해 바로 왕과 많은 애굽 백성들 앞에서 수많은 기적을 나타내 보이시며 하나님께서 유일한 하나님이시라는 사실을 드러내셨다.

다윗과 솔로몬 시대에는 하나님을 잘 섬기는 왕과 백성이 받는 축복을 세계만방에 나타내셨다. 하나님을 제대로 섬기지 않는 시기에는 민족이 분열되고 후에는 멸망하게 된다는 사실도 이스라엘 백성을 통해 알려 주셨다. 바벨론 포로시대에는 다니엘을 통해 하나님께서 주시는 지혜가 그 어느 신의 지혜보다 뛰어나다는 사실을 알려 주셨다.

신약 시대에는 예수님께서 메시아라는 사실을 많은 기적과 가르침을 통해 나타내 보이셨다. 또 고아와 과부, 죄인들의 친구가 되신 예수님의 모습을 통해 하나님의 사랑을 알려 주셨다. 그리고 십자가를 통한 죽음으로 독생자까지 아끼지 아니하시며 우리를 구원하시는 하나님의 사랑을 나타내 보이셨다.

성령을 받은 후 제자들은 변화하여 하나님의 말씀을 선포하였고 참된 사랑을 나누는 공동체로 하나님의 사랑을 만방에 알렸다. 이로 인해 큰 박해가 있었지만 오히려 더 넓은 곳으로 흩어져 복음을 전파하는 일을 할 수 있었다.

이처럼 성경의 역사, 성경의 인물은 모두 하나님께서 선교의 도구로 사용하신 것이라 볼 수 있다. 그런데 지금 이 시대의 한국의 기독교는 많은 이들에게 비판의 대상이 되고 있다. 이로 인해 많은 교회들이 갈라지고 있으며 어려운 시기를 맞고 있다. 하지만 성경에서 보듯이 이 기회 또한 하나님께서는 선교의 기회로 사용하실 것이다.

이 선교의 때에 우리도 선한 선교사로 쓰임을 받기를 원한다. 비판을 받는 가운데 모두가 교회의 행동을 주목하고 있다. 주목받는 이때에 오히려 한 걸음 한 걸음 하나님의 계명 가운데 걸어 나가 보자. 우리의 선한 행실과 섬김을 보며 많은 이들이 참되신 하나님을 경험하는 시간이 될 것이다.

우리는 겸손하고 낮아져서 첫사랑을 회복할 것이고, 교회는 나날이 새로워질 것이다. 때를 얻든지, 못 얻든지 선교하시는 하나님을 오늘도 바라보자.

헤븐 조선 7
받은 만큼 주어야 할 때

　우리 한국은 50년이라는 단기간에 빠르게 발전하였다. 세계에서 가장 가난한 나라에서 세계 10위권 경제대국으로 성장하게 되었다. 하나님의 사랑과 은혜, 세계 많은 사람들의 도움과 우리 부모님 세대의 노력의 결과이다. 50년 전만 해도 우리나라는 해외 선교사들을 통해 의료, 식품, 교육 등을 지원받으며 살아왔다.
　그 도움을 통해 많은 이들이 목숨을 유지할 수 있었고, 공부할 수 있었으며, 자연스럽게 복음을 들을 수 있는 기회도 주어졌다. 한국은 많은 선교사들의 도움으로 성장하여 현재는 세계에서 뛰어난 경제력, 교육력, 의료 기술력을 확보하고 있다. 이제는 우리가 받은 대로 이 기술을 가지고 선교지로 나가주어야 할 때이다.
　선교지에 가서 여러 가지 기술을 통해, 간증을 통해, 삶을 통해 그들에게 하나님 안에서의 참 기쁨과 행복을 전달해 주어야 한다. 예전부터 선진국이었던 많은 나라들도 선교에 동참하지만 우리처럼 후진국에서 선진국으로 성장한 국가가 복음을 전파하며 선교한다면 더욱 설득력이 있고 효과가 있을 것이다.

그 예가 바로 필리핀 선교이다. 우리는 한국전쟁 때 필리핀으로부터 파병의 도움을 받았고 많은 곡식도 원조를 받았다. 우리는 그 도움으로 한국전쟁이라는 민족 최대의 위기를 극복하였고, 현재는 성장하여 선진국 대열에 설 수 있었다. 지금은 우리가 필리핀에 많은 선교사를 파송하여 영적으로, 물질적으로 섬길 수 있게 되었다. 약 1,500명이 넘는 한국 선교사들이 필리핀 사람들을 섬기고 있다.

또 하나의 예는 태국 선교이다. 우리는 한국전쟁 때 태국으로부터 약 1만 5천 명의 파병으로 도움을 받았다. 전사자 수가 136명, 부상자 수가 469명에 달하는 희생도 있었다. 우리는 그들의 희생과 도움으로 위기를 극복할 수 있다. 한국과는 1958년부터 수교국이 되었고, 2010년에는 한국와 태국 간의 FTA가 체결되었다.

현재 태국에는 한국의 파송 선교사가 850명에 달한다. 인구의 90%가 불교 신자인 태국에서 한국 선교사들은 교육 선교와 교회 사역으로 많은 태국 사람들을 섬기고 있다.

현재 미국은 전 세계에서 가장 선교사를 많이 파송하는 국가지만 안타깝게도 많은 전쟁으로 인해 미국인들은 전 세계 테러의 타깃이 되었다. 이로 인해 많은 국가에 출입이 통제되었고 안전을 보장받을 수 없게 되었다.

반면 한국은 많은 나라들이 호감을 갖고 환영해 주는 국가로 성장하였다. 한국의 많은 기술과 문화를 배우려 하기에 많은 국가에 출입이 자유로워졌다. 참으로 감사한 일이 아닐 수 없다. 지금은 한국의 많은 청년들이 복음을 가지고 뜨거운 기도를 통해 나가야 할 때이다.

양화진 선교사 묘지를 가보면 깊은 감동을 느낄 수 있다. 한국을 위해 젊음을 바치고 때로는 가족까지 바친 많은 선교사들이 있다.

"내게 천 번의 생명이 주어진다면 그 모두를 한국을 위해 바치겠다."

24세의 나이에 여성으로 홀로 한국으로 왔던 루비 켄드릭 선교사님의 묘지 글이다.

많은 선교사들의 희생과 순교로 한국은 성장할 수 있었고 세계적인 교회와 학교, 병원들이 이 땅에 세워졌다. 한국이 받은 이와 같은 은혜와 축복을 이제는 돌려주어야 할 때이다. 우리가 가진 기술과 의료, 교육, 비즈니스를 통해 복음을 많은 나라들에게 전해 주자.

헤븐 조선 8
선교의 길은 여행의 길

　리조트에서 근무를 하고 있으면 많은 손님들이 해외여행의 기대감을 가지고 지인들과 가족들과 함께 오는 모습을 본다. 여행을 할 때 대부분의 사람들은 설레는 마음을 갖는다. 익숙한 곳을 떠나 새로운 문화를 접하고, 항상 반복되는 일상을 떠나 자유로운 쉼을 얻기 때문이다.

　선교는 어떠한가? 과거의 선교사 이미지 때문에 선교는 늘 고난과 핍박의 길이라 생각하기 마련이다. 하지만 선교를 여행과 같은 개념으로 생각해보자. 선교지에서 현지인들과 함께 교제하며 서로 다른 문화를 이해하고 배우며 하나님 안에서 사랑을 나누는 아름다운 선교를 꿈꾸어 보자. 예수 그리스도 안에서 하나가 되는 모습이 보일 것이다.

얼마 전 쿠마모토 지진 피해 복구 현장 봉사활동을 다녀왔다. 2박 3일의 짧은 시간이었지만 교회 교우들과 함께 그리스도인으로서 무엇인가 도움을 드리고 싶어 함께 참여했다. 피해를 입은 곳을 방문하니 아직까지 복구되지 않은 곳이 많았다. 우리는 봉사현장의 규칙 때문에 피해자들께 예수님에 대한 이야기를 직접적으로 할 수는 없었다. 그 대신 '그리스도지원센터'라고 기록된 조끼를 입고 복구현장에 참여하였다. 조끼만 입었지만 영적으로는 예수 그리스도를 입고 봉사에 참여한 것이다.

봉사를 통해 피해자들을 돕고 자연스럽게 함께 이야기할 수 있는 기회를 가졌다. 오히려 피해자들이 우리에게 '그리스도상'(씨)이라고 불러 주며 교회에 대해 알기 원하였다. 그 시간 가운데 하나님께서 우리를 이곳에 부르신 이유를 알게 하셨다. 함께 참여한 봉사자들은 너무 큰 은혜를 나누었고, 그 은혜를 통하여 피해자들도 그리스도인들은 무언가 특별하다는 생각을 갖게 되었다.

성령께서 그들의 마음을 어루만져 주신 것이다. 우리는 예수 그리스도 안에서만 국경, 문화, 성별, 나이를 넘어 하나가 된다는 사실을 알게 되었다. 봉사활동의 길이 아름다운 선교의 길이 된 것이다.

여행을 통해 우리는 새로운 문화와 지혜를 배울 수 있다. 한국 교회가 선진화되었고 많은 부분에서 앞서가지만 우리는 선교지

교회를 통해서도 많은 것을 배울 수 있다. 일본 교회를 섬기며 깨닫게 된 사실은 성도들의 교회 이동이 굉장히 적다는 사실이다. 이사, 직장의 전근 등의 이유로 불가피하게 교회를 옮기는 성도를 제외하고는 쉽게 이동하지 않는다. 이동할 때도 반드시 재적증명서를 가지고 다른 교회를 찾아간다. 일본 기독교인의 끈기와 인내, 섬김을 배울 수 있었다. 기독교인이 되기까지는 상당한 시간이 소요되지만 기독교인이 되어서는 한결같이 헌신하는 일본 성도들의 성품을 배울 수 있었다.

여행길에는 즐거운 일만 있는 것은 아니다. 뜻하지 않은 사고, 분실, 분쟁을 만날 때가 있다. 사고가 두려워 여행 자체를 포기한다면 인생에 있어서 엄청난 유익을 놓치게 되는 셈이다. 때로는 선교의 길에도 어려움이 일어난다. 하지만 그 어려움을 어떻게 받아들일 것인가는 우리의 몫이다. 불평하고 포기할 것인가? 오히려 더 많은 유익을 주신 하나님을 찬양하며 감사하기 원한다.

선교를 고난의 길이라고 생각하지 말고 여행의 길이라 생각해 보자. 우리의 최고의 안내자(가이드) 예수 그리스도께서 반드시 우리의 길을 가장 좋은 길로 인도해 주실 것이다. 그 가운데 어려움도 있지만 행복과 기쁨과 설렘을 느끼며 마지막에는 무사히 본향(천국)으로 귀국할 수 있을 것이다.

헤븐 조선 9
작은 것에서부터 시작되는 감동

  쿠마모토벧엘교회 김무화 목사님께 전해들은 내용을 소개하고자 한다. 2016년 4월 쿠마모토에 지진이 일어난 후 홍콩에 있는 한 선교단체 선교사가 봉사와 선교를 위해 쿠마모토벧엘교회를 방문했다고 한다. 그들의 일본어는 유창하지 않았고 특별히 전문 사역이라고 할 수 있는 것도 없었다. 그렇지만 목사님을 뵙고 싶었고 위로를 전하기 위해 쿠마모토에 왔다고 했다. 그 한마디에 목사님은 눈물을 많이 흘리셨다고 한다.
  이들은 위로하는 것에 그치지 않고 자신들이 할 수 있는 일을 찾기 시작했다. 그리고 손으로 직접 초대장을 작성하여 교회 앞 집집마다 방문하여 초대장을 나누어 주었다. 맞춤법도 틀린 엉성한 초대장이었지만 자신들이 할 수 있는 최선을 다했다. 행사 당

일에는 3명 남짓한 사람들이 교회를 방문했다. 그리고 그들은 자신이 할 수 있는 손 마사지를 해주었고 매니큐어를 발라주며 편안하게 대화를 나누기 시작했다. 그렇게 새로 온 사람들을 환영해 주었다. 그리고 목사님과 성도들은 이 모습을 보고 감동을 받았다고 한다.

지금까지 이 교회에서는 손님들을 초대하면 가장 좋은 프로그램으로 모든 것을 준비했었다. 성도들이 준비한 부족한 프로그램보다는 전문적인 사역자를 초대하여 준비하였다고 한다. 물론 크고 전문적인 사역도 소중하지만 홍콩 선교사를 통해 성도들 자신이 할 수 있는 작은 사역도 하나님께서는 기뻐 사용하신다는 사실을 깨닫게 되었다고 한다. 그리하여 이후 목사님께서 목회 방침이 많이 바뀌었다고 한다.

복음서에서 예수님께서 많은 이들을 가르치시고 시간이 흐르자 이들을 돌려보내려고 하셨다. 그러나 측은한 생각이 들어 이들에게 식사를 제공하고 싶은 마음이 생기셨다. 그리고 이들에게 전해줄 먹을 것을 준비해 오라고 제자들에게 말씀하신다. 예수님의 제자 안드레는 이 말씀에 순종하여 군중 사이를 돌아다니며 먹을 것을 찾아다녔다.

때마침 오병이어를 가지고 있는 소년을 만났다. 아이에게 그 음식을 예수님께 드리는 것에 대하여 동의를 얻고 오병이어를 예수님께 전해드렸다. 예수님께서는 이 작은 도시락에 감동하시고 이 도시락을 통해 많은 사람들을 배불리 먹이셨다.

오병이어를 기꺼이 내놓은 어린 소년이 있었기에 장정만도 5,000명이 되는 사람들을 먹일 수 있었다. 이 소년은 자신은 작고 아무것도 할 수 없다고 가만히 있기보다는 자신이 할 수 있는 작은 일을 통해 선교에 동참한 것이다.

우리는 큰 사역, 큰일들을 통해 선교를 해야 한다고 생각할 때가 많다. 물론 선교지에서 학교와 병원을 세우고 교회를 지어 많은 이들을 예수님께로 인도하는 사역도 중요하다. 하지만 기억해야 할 것은 선교 초기 사역은 작은 섬김과 헌신과 봉사로부터 시작한다는 점이다.

지금 아무것도 할 수 없다고 선교를 미루고 피하기보다 지금 할 수 있는 작은 것부터 시작해보자. 선교지에 가서 그 나라를 위해 기도하고 예배드리는 것에서부터 변화가 시작된다. 선교지에서 만나는 한 사람, 한 사람을 축복하고 기도하는 것부터 시작해보자.

현지에 있는 선교사를 돕는 일도 매우 중요하다. 또 한류 열풍으로 한국어를 배우고자 하는 외국인들이 늘고 있기에 선교지에서 한국어 교실을 개설하는 것도 한 방법이 될 수 있다. 현지 언어가 불가능해도 간단한 영어와 한국어만으로도 충분히 가능하다. 그 외에도 우리가 섬길 수 있는 많은 일들이 있다. 이와 같은 작은 섬김을 통해 하나님께서는 놀랍게 복 주실 것이고 우리를 축복의 통로로 사용해 주실 것이다.

국가 정보

수도: 베이징
언어: 중국어

중국

인구는 약 13억 5천 5백만 명으로 세계 1위를 기록하고 있으며 GDP는 11조 3,916억$으로 세계 2위이다. '중국식 사회주의'라는 사회주의 시장경제가 탄생했으며, 지난 30년간 지속된 중앙 통제식 경제로 성장하였다. 사회적으로 정부와 사업체 모두 횡령, 부정 이득, 만연한 사기 등의 문제에 시달리고 있다.

종교는 인구의 35%가 도교, 불교를 믿고 있으며 기독교는 3.5%, 이슬람교는 1.8%이다. 중국은 현재 세계 경제와 정치 분야에서, 특히 남반구 지역에서 엄청난 영향력을 보유하고 있다.

1. 역사

실크로드의 교류를 통하여 7세기 네스토리우스파가 당나라에 전해져 교세가 크게 성장하였으나 소멸되었다. 후에 13세기에는 로마가톨릭교회의 몬테코르비노의 지오반니 신부가 니콜라오 4세의 친서를 원나라의 쿠빌라이 칸에게 전달하고 선교를 공인받아 중국 북부에서 많은 로마가톨릭 신자를 얻었다.

19세기 이후에 영국의 개신교 선교사 로버트 모리슨을 시작으로 여러 개신교 단체들의 꾸준한 선교를 통해 수천만 명의 신자를 얻었다. 영국의 개신교 선교사로서 중국내지선교회를 설립한 허드슨 테일러는 중국인들과 똑같은 옷을 입음으로 친근감 있게 다가서려고 했다. 1949년 중화인민공화국 정부는 종교 통제를 실시함으로 기독인들을 강제수용소에 감금하였다.

2. 현재

공산주의 정권은 종교 집단을 억압하고 정부 통제 아래 두려고 했다. 1978년 규정이 완화되면서 정부의 영향력 아래에 두면서 삼자 애국 운동과 가톨릭 애국 연합이 부활했다. 현재 중국 기독교인 숫자는 1억 명으로 추산하고 있으며 교회는 중국 정부에서 인정한 교회가 60,910개, 가정 교회는 997,333으로 추정하고 있다.

중국에는 18개의 신학교가 있으며 해마다 1,000명 미만의 신학생이 배출된다. 한인 선교사도 가장 많이 파송되어 있다. 선교사들은 한국인 교회에서 복음을 전하는 일만 허락되고 일반 중국인에게 전도하는 것은 금지되어 있다. 2009년 이래 중국은 한국의 2위 투자 대상국이 되었다. 중국에 진출한 한국 기업의 수는 2010년 말 한국수출입은행 통계를 기준으로 약 2만 1,016개이다.

3. 비전

중국은 세계에서 가장 영향력 있는 국가로 성장하고 있다. 한국과 중국은 더욱 교류가 확대될 것이며 그로 인한 상호 경제적 성장을 이룰 수 있을 것이다. 중국의 교회는 더욱 성장할 것이며 사회 곳곳에 기독교인이 배치될 것이다. 신앙을 통하여 사회 내 부패를 막고 긍정적인 윤리체계를 확립할 수 있다.

또한 모든 종교단체가 정부 통제 없이 동등하게 등록할 수 있는 종교 정책이 시행될 것이다. 선교의 비전이 커지면서 중국에서는 10만 명의 선교사를 파송하는 것을 목표로 삼고 있다. 향후 22세기에는 중국이 가장 거대한 기독교 선교 국가가 될 것이다.

PART 2 계획

헤븐 조선 10
강영우 박사의 성공 비결

    한국계 최초로 미국 백악관 국가장애위원회 정책차관보를 지낸 강영우 박사는 13세 때 아버지를 여의었다. 이듬해에는 축구공에 눈을 맞아 시력을 잃었고 설상가상으로 같은 해에 어머니, 3년 후에는 누나까지 세상을 떠나며 불우한 청소년기를 겪게 되었다.

    예수님을 영접한 강영우 박사는 한국의 이와하시 다케오(일본의 시각장애인, 재활의 선구자)가 되겠다는 꿈을 갖고 점자를 배우며 노력하여 연세대학교를 졸업한 뒤 1972년 미국 유학길에 올랐다. 그는 피츠버그 대학교에서 교육학으로 한국인 최초의 시각장애인 박사가 되었고, 미국 노스이스턴 일리노이 대학교 특수교육학 교수로 재직하였다.

    2001년에는 당시 미국 이민 100년 한인 역사상 최고위직이었던 백악관 국가장애위원회 정책차관보로 발탁되어 8년간 장애인 복지를 위해 헌신했다.

당시의 시대적 상황으로 볼 때 한국에서는 장애인이 공부를 하여 교수가 되는 것이 불가능했다. 그렇기에 아무도 강영우 박사의 성공을 기대하지 않았다. 그는 장애인들도 평등한 대우를 받으며 공부할 수 있는 미국으로 떠나게 되었고, 그곳에서 꿈을 펼쳤다.

만약 강영우 박사가 계속 한국에 거주했다면 어떤 인물이 되었을지 확신할 수 없지만 평범한 인물이 되었을 것으로 예상된다. 때로는 내 앞에 닫힌 문을 피해 가거나 돌아갈 때 새로운 길을 발견하는 경우가 있다. 현재의 취업난이라는 환경이 우리를 멈추게 하거나 돌아가게 만들 수 있다. 하지만 돌아가는 길을 통해 우리는 새로운 기회를 만날 수 있다.

한국에서의 실패로 해외로 진출하는 많은 청년들이 있다. 언뜻 보기에는 도망자처럼 보이지만 결코 그렇지 않다. 더 넓고 큰 세상에서 꿈을 펼칠 수 있는 기회를 얻은 것이다. 해외로 진출할 수 있는 기회와 함께 해외 선교의 기회까지 주어졌다.

강영우 박사의 역설적인 리더십의 십계명을 소개하고자 한다.

1. 세상 사람들은 비논리적이고 비합리적으로 생각한다.
   그러나 그들을 사랑하라.

2. 당신이 선을 행하면 이기주의라는 비난을 받을지도 모른다.

　　그러나 그런 말에 귀 기울이지 말고 선을 행하라.

3. 당신이 성공하면 그릇된 친구와 원수도 생길지 모른다.

　　그러나 성공하라.

4. 오늘 좋은 일을 해도 내일이면 허사가 될 수 있다.

　　그러나 좋은 일을 하라.

5. 정직하고 솔직하면 불이익을 당할 수도 있다.

　　그러나 언제나 정직하고 솔직하라.

6. 대의를 품은 이가 졸장부에 의해 넘어질 수도 있다.

　　그러나 생각을 크게 하라.

7. 세상 사람들은 약자를 선호하면서도 오로지 강자만을 따른다.

　　그러나 소수의 약자들을 위해 투쟁하라.

8. 오랫동안 공들여 쌓아 올린 탑이 하룻밤 사이에 무너질 수도 있다.

　　그러나 탑을 계속 쌓아 올리라.

9. 도움이 필요한 사람들에게 도움을 주고도 공격받을 수 있다.

　　그러나 도움을 필요로 하는 사람들에게는 도움을 주라.

10. 당신이 가진 가장 좋은 것을 세상에 주고도 이빨로 물려 차일 수도 있다.

　　그러나 당신이 가진 최선의 것을 세상에 주라.

헤븐 조선 11
선교를 방해하는 요소들

　누구에게나 자신이 자라왔던 환경을 떠나 낯선 곳에서 생활하는 것은 결코 쉽지 않은 일이다. 인간은 사회적인 동물이기에 주변 환경과 인간관계가 실로 중요하다. 선교지로 떠난다는 말은 새로운 환경 속에 들어간다는 표현이다. 그렇기에 자신의 뜻만으로는 결정되지 않는 일이 많다. 그 가운데 자신의 뜻을 굽히고 선교를 포기하는 경우도 발생한다. 그러므로 선교를 방해하는 요소들에는 무엇이 있는지 살펴보고 주의를 기울여야 할 것이다.

　첫째, 우리는 주위의 시선을 조심해야 한다.
　해외 선교지로 떠날 때 모두에게 파송을 받으며 아름다운 시작을 갖는 선교사도 있지만 나의 경우는 의학전문대학원의 입학

실패로 취업으로 전향하였고 그로 인해 해외로 진출하게 되었다는 사실로 인하여 자칫 해외로 도피하는 것처럼 보이기 쉬웠다. 그렇기에 마지막까지 그 결심이 조심스러웠고, 스스로도 가볍게 보이지 않기 위해 노력하였다.

주위의 몇몇 분들은 시선을 의식하여 끝내 선교를 선뜻 결정하지 못하였다. 우리는 주위의 시선에 집중하기보다는 하나님의 뜻과 그 가운데 결정된 사항을 소중하게 간직하여야 한다. 지금은 자신이 도망치듯 '탈조선'하는 것처럼 보일지라도 우리가 꿈을 간직하고 하루하루 선교지에서 살아간다면 자연스럽게 주위의 인정도 따라올 것이다.

둘째, 자신의 집착을 조심해야 한다.

대학교를 졸업할 즈음 청년들은 큰 꿈을 가지고 목표를 향해 도전한다. 한번에 성공하면 정말 다행이지만 높은 경쟁률로 인해 많은 학생들은 한 번 만에 성공하기가 쉽지 않다. 그렇기에 두 번, 세 번 도전을 하며 준비하는 기간도 길어진다. 시간이 길어지면 더욱 포기하기가 어려워지고 계속해서 도전하게 된다.

물론 확실한 하나님의 비전이라면 칠전팔기로라도 도전을 해야 맞지만, 집착으로 인해 계속해서 붙드는 경우가 많다. 포기해야 할 때 과감히 내려놓는 것도 용기이다. 하나님께서는 개개인에게 특별한 사명을 위해 직업을 주시기도 하지만 그것보다 우리가 어떠한 삶을 살아가는지를 더 주목하고 계신다. 그렇기에 자신의 집착인지 하나님의 뜻인지를 잘 분별해야 할 필요가 있다.

셋째, 기회를 놓치지 않는 것이 중요하다.

기회는 쉽게 다가오지 않는다. 그렇기에 이것이 기회인지 정확히 구별해야 한다. "늘 깨어 있으라"는 예수님의 말씀이 중요한 이유이다. 해외선교의 기회가 왔음에도 자신의 상황이 더 좋아졌을 때를 바라고 미룬다면 기회가 또다시 찾아올지는 확신할 수 없다. 특히 청년의 때는 인생의 중요한 결혼을 앞둔 상태이기에 더더욱 기회를 놓쳐서는 안 된다.

선교의 때를 놓치고 결혼을 하여 가정을 꾸리고 생계유지를 위해 살아가다 보면 쉽사리 선교지로 향하기가 어려워진다. 물론 선교의 비전을 가진 배우자를 만나면 이상적이지만 그렇지 못한 경우가 대부분이다. 또 결혼 전에는 함께 선교의 비전을 꿈꾸었지만 막상 아이가 생기고 현실에 맞닥뜨리면 쉽게 결정하지 못할 때도 있다. 그러므로 청년의 때에 선교의 기회를 잘 잡아야 한다.

"그런즉 너희는 먼저 그의 나라와 그 의를 구하라 그리하면 이 모든 것을 너희에게 더하시리라"(마 6:33).

선택의 기로 앞에 섰을 때 늘 이 말씀을 묵상하여 선택하기 바란다. 먼저 하나님의 나라와 그 의를 구하는 삶을 살기를 소망한다. 하나님은 하나님께서 약속하신 말씀에 반드시 책임을 지시는 분이다.

헤븐 조선 12
준비와 기다림의 시간

우리는 교회에서 봉사하고 전도를 통해 얻은 은혜를 기억하고 있다. 때로는 해외 단기 선교, 비전트립을 통해 얻은 사랑을 기억할 것이다. 그때 우리는 삶을 소중하게 느끼며 자신이 축복의 통로로 쓰임 받은 것에 대해 매우 감사하게 된다. 하나님의 축복을 전하는 통로가 되었을 때 우리의 인생이 매우 윤택해지기 때문이다. 그러면 바로 선교에 헌신할 것을 다짐하고 준비하지만 때로는 기다림의 시간이 필요하다.

삼수의 시간을 보내고 취업으로 전향한 후, 일본의 한 기업의 서류와 면접시험에 합격하여 마지막 신체검사를 앞두고 있을 때였다. 지정 병원에서 신체검사를 받고 며칠 후 결과가 나왔다. 정밀 검사가 필요하다는 소견이 있어 내과에서 검사를 실시했고 폐결핵이라는 사실을 알게 되었다. 독서실의 좁은 공간에서 많은 사람들과 오랫동안 공부했던 것이 원인이 된 것이다.

결국 일본의 모기업에는 신체검사에서 최종 불합격이 되고 말았다. 그리고 폐결핵이 완치될 7개월 동안 일본으로의 취업이 어려웠기에 치료를 받으며 기다렸다. 감사하게도 모교에서 계약직 교직원에 선발되었고 병원과 학교가 가까운 곳에 있었기에 치료를 받으며 일을 할 수 있었다.

이 기간 동안 일본 선교에 대한 간절한 마음을 갖게 되었다. 그리고 하나님의 은혜로 7개월 후 폐결핵이 완치되었고 계약직 교직원 일을 마치고 2개월 후에 나가사키 회사에 취업이 결정되었다.

하나님께서는 내가 폐결핵이라는 사실을 아시고 한국에서 치료를 받게 하셨고 건강한 몸으로 일본으로 보내 주신 것이다. 교직원으로 일을 하면서 치료 기간 동안 의료보험을 적용받게 해주셨고 월급을 통해 치료비도 감당할 수 있도록 은혜를 베풀어 주셨다. 또 선교지로 떠나기 전 유럽의 여러 교회들, 이스라엘 성지 순례도 허락해 주셔서 선교를 준비하게 해주셨다. 그 후에 가장 좋은 시기에, 가장 알맞은 곳인 일본 나가사키로 보내 주셨다.

일본 선교에 대해 어려움을 느낄 때마다 이때의 간절한 마음을 되새겨 보곤 한다. 그러면 놀랍게도 지금 일본에서 생활하고 있다는 것 그 자체가 감사고 기적이라는 생각이 든다. 일본 사람들과 함께 회사에서 일을 하고, 교회에서 함께 예배드리고 있다는 사실만으로도 행복을 느낀다. 주위에서 일본어가 들리고 일본어로 된 간판들이 보인다는 사실만으로도 살아 있음을 느낀다. 하나님께서 너무 큰 은혜를 베풀어 주셨기에 더욱 선교를 위해 헌신하고 싶은 마음이다.

지금 이 글을 읽고 해외 취업과 선교에 지원하는 경우도 있겠지만 그렇다고 곧바로 그 일이 성취되지 않을 수 있다. 해외 취업에 지원하여도 여러 곳으로부터 불합격의 아픔을 경험할 수 있고 합격하여도 특정 국가에서는 비자가 발급되지 않아 입국이 불허될 수도 있다.

하지만 선하신 하나님께서 우리를 언제나 가장 좋은 곳으로 인도해 주신다는 사실을 잊지 않기를 바란다. 실패하여도 위로해 주시고 다음 길로 인도해 주시며 우리에게 필요한 치료와 물질도 허락하신다. 오히려 우리는 기다림이 클수록 더욱 간절함이 더해지고 쉽게 포기하지 않게 된다.

기다림과 준비의 훈련을 통과한 선교사는 파송 후에 선교지에서 여러 가지 어려움이 닥쳐와도 쉽게 포기하지 않고 기도로 끝까지 붙들고 승리하게 된다. 인내하며 준비하는 시간도 선교 훈련의 기간이라는 사실을 잊어서는 안 된다.

국가 정보

수도: 울란바토르
언어: 몽골어

몽골

인구는 약 318만 명으로 세계 137위를 기록하고 있으며 GDP는 약 112억$로 세계 126위를 나타내고 있다. 몽골의 정치는 의회와 내각의 권력이 강한 대통령 혼합 내각책임제이다. 종교는 라마교가 인구의 90%를 차지하고 있으며, 이슬람교가 5%, 무속 및 기독교가 5%이다. 언어는 몽골어를 사용하고 있다.

세계에서 인구 밀도가 가장 낮은 나라 가운데 하나이지만 1950년대 이후 자연 인구 증가율이 높다. 몽골 정부는 시골에서 도시로 이주하는 것을 권장하고 있기 때문에 오늘날에는 전체 인구의 약 3/5이 도시에 거주하고 있다. 울란바토르와 다르한이 몽골에서 가장 큰 도시이다. 17세기 몽골은 청나라에 복속되면서 외몽골과 내몽골로 나뉘어졌다. 몽골의 세력이 커지는 것을 막기 위해 두 지역을 분리해 통치했다. 그 후 외몽골은 1911년 몽골인 민공화국으로 독립하고, 내몽골은 중국에 편입되었다가 1947년 첫 자치구로 정해졌다.

1. 역사

1270년경 쿠빌라이 칸은 원나라에 체류한 마르코폴로를 통하여 로마 교황에게 잘 준비된 유능한 선교사 100명을 보내달라고 요청하였다. 그러나 교황은 당시 100년 전쟁 등으로 제안을 거절하였다. 20년이 지난 1289년에 교황 니콜라스 4세가 사절을 2명 보냈는데, 한 명이 도중에 죽고 말았다. 결국 불교가 국가종교가 되었고 기독교는 중국과 아시아 선교의 결정적인 기회를 상실하고 말았다.

1924년 사회주의국가 설립으로 탄압을 받게 되자 1989년까지는 단 한 명의 기독교인도 없었다고 보고되었다. 1989년 몽골 정부가 개방정책을 실시하면서 외국인이 공식적으로 입국하게 되었고 선교활동이 재개되었다.

2. 현재

몽골의 기독교 인구는 2005년 약 3만 명에서 현재 6만 명으로 성장한 것으로 추산된다. 10년 사이 몽골의 기독교 인구가 배 이상 증가한 셈이다. 교회 수도 2005년 350여 개에서 700여 개로 배가 늘었다. 현재 목사 수는 220명이고, 10년 전 50명에 비해 4배 넘게 증가했다. 한국과의 교역은 1990년 이후부터는 의료용기기, 컴퓨터, 승용차, 화물자동차 등 기계류가 수출되고, 철광석, 비금속광물, 동광 등의 광물자원과 섬유원료 등이 수입되기 시작하면서 품목이 점차 다양화되었다. 몽골은 전통적으로 목축업과 농업 중심적인 경제이지만 광업이 안정적인 외화 수입원이다.

3. 비전

세계은행에 따르면 2012년 몽골의 경제성장률은 12.3%를 기록했다. 향후 몽골 경제의 성장 전망은 매우 밝은 것으로 볼 수 있다. 가축업과 관광업이 크게 성장하고 있다. 한국과의 교역은 운송에 관한 어려움을 겪고 있지만 향후 교역로가 더욱 개선되고 확대될 전망이다. 현재 교회는 많은 청년들과 학생으로 구성되어 있으며 기독교 교육, 의료가 확충됨에 따라 사회에 많은 크리스천 리더가 세워질 전망이다.

헤븐 조선 13
선교의 기적

고 하용조 목사는 아픈 몸을 이끌고도 선교에 매진하였다. 특히 일본 선교에 앞장서서 일본 CGNTV, 두란노서원, 일본 온누리교회 개척 등을 하였다. 또 크리스천만 모이는 집회를 넘어 예수님을 모르는 사람들이 올 수 있는 모임을 만들기 위해 러브소나타를 개최하였다. 해외 선교를 통해 영적인 축복이 흘러가면 교회도 살아나고 개인도 살아나는 역사가 일어난다. 선교라는 목적을 향하여 모든 공동체가 하나가 되기 때문이다.

선교는 공동체에 힘을 불어 넣어준다. 러브소나타를 개최하기 위해서 온누리교회와 일본의 각 지역 교회가 연합하여 집회 준비를 한다. 또 일시적인 행사로 끝나지 않기 위해 지역의 연합을 지속적으로 이루기 위해 노력한다. 여러 가지 문화 차이로 인하여 시행착오도 겪었지만 선교를 위해 한국과 일본이 하나가 되는 아름다운 모습이 이루어지고 있다.

현재 해외 선교를 통해 영적인 복을 나누어 주며 공동체가 하나 되는 교회들이 많이 있다. 해외 선교를 통해 자신들이 더 큰 은혜를 받고 돌아오기 때문이다. 조금 더 성장해서 여유가 생기면 해외 선교를 해야겠다는 교회들도 있지만 먼저 믿음으로 한 발 내딛기를 소망한다.

내가 섬기는 나가사키 침례교회는 매년 해외 단기 선교를 떠난다. 태국, 중국, 한국으로 가서 그곳의 크리스천들과 하나 되는 시간을 가지며 또 여러 가지 사역을 돕는다.

처음 해외 선교에 참가하기 전에는 선교해야 할 곳이 일본인데 왜 굳이 해외까지 가야 하는지 의문도 들었다. '오히려 일본 내 어려운 교회들을 섬기는 일이 더 중요하지 않을까?'라는 생각도 해 보았다.

하지만 해외 선교를 참여하고 그곳에서 받은 은혜, 해외 선교지에서 직접 본 하나님의 역사, 오히려 신앙이 더 뜨거운 선교지 신자들의 모습을 보고 많은 일본 성도들이 큰 도전을 받게 되었다. 단기 선교를 통해 더 많은 은혜를 체험하는 계기가 되어 나가사키에서 아름다운 공동체를 이루고 있다.

선교는 자신을 회복시켜 주는 역할을 한다. 선교를 할 때 자신을 통해 일하시는 하나님의 은혜를 체험하게 되고 그로 인해 큰 회복과 기쁨을 느낀다. 고 하용조 목사는 병상에서도 선교할 때만큼은 몸의 아픔을 잊고 오히려 회복된다고 하였다. 우리의 주인 되시는 하나님께서는 우리가 하나님 말씀에 순종할 때 우리의 모든 것을 돌봐 주신다. 건강, 물질, 환경 등 모든 것을 직접 챙겨 주시는 경험을 하게 된다.

우리는 때로 자신의 문제에만 몰두하여 다른 곳에 시선을 돌리기가 쉽지 않다. 아픈 사람은 자신의 아픔으로 인해 다른 곳에 신경 쓸 여유가 없으며, 문제가 있는 사람은 그 문제에 매여 다른 것을 볼 여유가 없다.

하지만 선교를 통해 자신이 아닌 하나님과 선교지로 시선을 돌려보자. 내가 잊고 있었던 감사가 회복되며 은혜로운 삶으로 회복될 것이다. 또한 선교지에서 많은 것을 체험하며 그들을 통해 큰 깨달음과 배움이 있을 것이다. 문제의 해답과 근본적인 원인을 찾을 수도 있다.

현재 한국 교회는 여러 가지 어려움을 호소하고 있다. 그 근본적인 해결책은 바로 선교에 있다. 선교는 축복의 통로이기 때문이다. 고 하용조 목사의 '2천 명의 해외 선교사를 보내고 1만 명의 사역자를 전국에 보내는 2천/1만 비전'처럼 교회가 선교를 전적으로 행할 때 교회의 상당수 문제는 해결될 것이다.

헤븐 조선 14
교육 선교

　《내려놓음》의 저자 이용규 선교사는 과거 몽골국제대학교 부총장을 역임하며 이레교회 사역을 돕는 교육 선교사였다. 서울대학교, 하버드 대학원을 졸업한 엘리트 출신으로 좋은 직장을 내려놓고 새로 신설된 몽골국제대학교에서 학생들을 가르쳤다. 학교가 안정이 되고 많은 좋은 학생들이 몰려들기 시작할 즈음 다시 하나님 말씀에 순종하여 인도네시아로 떠나 현재 대학교와 선교사 자녀의 교육을 위해 사역하고 있다.

　이용규 선교사의 말씀과 책은 이 시대 많은 것들을 움켜쥐고 있는 기독교인들에게 큰 반향을 일으켰다. 좋은 직장, 성공한 사람을 중심으로 책을 출판하고 있는 기독교 출판계에도 큰 각성을 불러일으켰다. 《내려놓음》의 책에 이어 《떠남》이라는 책을 통해서는 이 시대의 크리스쳔들에게 하나님께서 부르시는 곳으로 주저 없이 떠나라고 권면한다. 놀라운 사실은 한국에서 해외 선교지로 떠나는 의미도 내포되어 있지만 선교지에서 또 다른 선교지로 떠나는 이용규 선교사의 순종과 내려놓음의 삶을 엿볼 수 있었다.

이제 안정된 몽골 대학교 사역을 내려놓고 무슬림 국가 인도네시아로 떠나는 선교사의 모습은 참으로 이 시대의 참다운 크리스쳔이요 선교사라 할 수 있겠다. 얼마 전 출판된 《기대》라는 책에서는 어렵고 아프고 힘든 시간을 하나님만을 기대하는 훈련의 시간으로 극복하였고 인도네시아의 교육사역도 열리게 되었노라고 고백한다.

이용규 선교사는 평신도 사역자로서 교육을 통해 복음을 전파하는 교육선교사이다. 인도네시아와 같은 이슬람 국가에서는 교회 개척이 상당히 어렵고 기독교를 수용하는 사람이 적기에 교회를 유지하기도 쉽지 않다. 이곳에 교육을 통해 복음을 전하고 훌륭한 기독교 인재로 양육하는 일은 최고의 투자요, 가치 있는 일이다.

이슬람 국가에서 기독교 학교 설립 허가를 받는 일은 매우 까다롭지만 인도네시아의 경우 최근 새로운 종교 학교법이 발의되었다. 이슬람교 학교는 전국적으로 수만 개의 학교가 있음에도 불구하고 기독교는 학교를 세울 수 없는 법이 형평성에 어긋나다는 취지로 법이 발의되었다고 한다.

이로 인해 이용규 선교사의 CGA초등학교가 기독교 학교로서 최초로 정부의 인가를 받게 되었다. 초등학교뿐만 아니라 대학교도 정부 허가를 받아 설립 허가를 받고 건축 중에 있다.

한국도 선교사들의 교육사역을 통해 큰 성장을 이룰 수 있었다. 그렇기에 단시간에 국가 발전과 교회의 부흥을 함께 이룰 수 있었다. 한국은 현재 많은 교육 프로그램을 운영하고 있다. 수준이 높은 많은 대학교가 있으며 한국의 고등학생들의 대학 진학률은 70%로 세계적인 수준에 이른다.

미국의 오바마 대통령은 공개석상에서 한국의 교육열에 대해 찬사를 아끼지 않을 만큼 우리나라의 교육열은 실로 대단하다. 하지만 오직 내 자식에게만 교육을 집중시키기에 사회의 많은 문제들 또한 일어나고 있다. 교육열이라는 우리 민족 고유의 열정을 갖고 선교지에 기독교 학교를 세우며 교육을 통해 복음을 전한다면 세계 곳곳에서 놀라운 역사가 일어날 것이다.

많은 크리스천 리더들이 사회 곳곳에서 하나님 말씀과 법을 국가 사회의 모든 영역에 나타내는 날을 소망해 본다. 우리는 이 시대의 선교사들이다. 우리의 재능, 건강, 물질, 교육열 등을 선교를 위해 사용해야 한다. 그때에 하나님께서 오병이어의 기적처럼 놀랍게 우리의 재능을 사용하실 것이다.

국가 정보

수도: 자카르타
언어: 인도네시아어

인도네시아

인구는 약 2억5천3백만 명으로 세계 4위를 기록하고 있으며, GDP는 9,410억$로 세계 16위로 나타나고 있다. 종교는 이슬람교(86.1%), 개신교(5.7%), 로마가톨릭(3%), 힌두교(1.8%)의 순이다. 2009년 기준 한국 관세청 집계로 인도네시아는 한국의 10번째 교역 대상국이며, 한국은 인도네시아의 5번째 교역 상대국이다.

인도네시아는 강력한 대통령 중심제 국가였으나, 1998년 수하르토 대통령의 퇴진 이후 대통령 권한을 축소하고 국회의 권한을 강화했다. 인도네시아의 기후는 열대성 몬순기후로 고온다습하다.

1. 역사

기독교는 17세기 서구 열강의 식민지 확장과 맞물려 인도네시아에 들어오는데, 포르투갈, 스페인에 의하여 가톨릭이 들어오며, 네덜란드의 동인도회사가 인도네시아를 점령하면서 개신교 선교의 길이 열리게 되었다. 식민지 통치를 통한 선교는 큰 효과를 보지 못하고 오히려 네덜란드와 기독교에 대한 반감을 지닌 이슬람이 결속되는 결과를 초래했다.

인도네시아 기독교는 1960년대에 크게 성장하는데, 그 이유는 인도네시아 공산당원들을 교우로 받아들여서 정부와 극우파들의 박해와 학살로부터 보호했기 때문이다.

2. 현재

인도네시아는 헌법 29조에서 6개 종교(이슬람, 개신교, 로마가톨릭, 힌두교, 불교, 유교)의 신앙의 자유를 보장하지만, 신앙이 없는 사람은 공산주의자로 간주되기 때문에 신분증에 반드시 신앙이 명시되어야 한다. 대부분의 인도네시아 사람들이 이슬람교를 믿지만 발리 섬에서는 힌두교가, 술라웨시 섬 북부에서는 로마가톨릭이 우위다.

현재 한국 선교사는 약 769명이 거주하고 있다. 한국의 인도네시아 수출품은 전기제품과 철강, 그리고 현지에 진출해 있는 한국 가전업계와 연결된 전자부품과 봉제업계와 연결된 편물 등이다. 한편 수입품은 천연가스와 유연탄, 원유, 동광 등의 천연자원과 원자재가 전체 수입의 약 60%를 차지한다.

3. 비전

인도네시아는 다른 이슬람 국가와는 달리 개신교를 인정하고 신앙의 자유를 보장한다. 기독교 선교사를 인정하며 종교 비자도 발급해 준다. 기독교 학교가 설립되고 있기에 앞으로 교육을 통해 사회 곳곳에 기독인 지도자가 배출될 전망이다. 무슬림들이 기독교 교육을 통해 예수님을 영접하고 이들이 무슬림들을 전도하는 놀라운 사역이 전개될 것이다.

인도네시아는 한국과의 교역도 활발하게 진행되고 있기에 한국의 많은 크리스천 인재들이 필요하다. 인도네시아는 1만 7천5백 개의 섬으로 이루어진 나라이다. 지금은 이 섬들을 하나로 연결하는 일이 쉽지 않지만 앞으로는 교통, 통신으로 인도네시아를 하나로 연결하는 일이 중요한 역할이 될 것이다. 통신과 방송으로 복음을 전하는 기독교 방송이 효과적일 것이다. 또한 운송업이 매우 중요한 사업이 될 전망이다.

헤븐 조선 15
약속을 기억하자

　우리는 살아가면서 많은 기도를 통해 하나님과 약속을 하게 된다. 나도 처음 일본에 오기 전 하나님과 약속을 했다.
　"저를 일본에 보내 주시면 장차 일본에서 하나님께 헌신하겠습니다."
　그 당시에 너무나 각박한 생활이 싫어 도피성 발언으로 하나님께 약속을 한 것이다. 그 기도 후에 일본에 오게 되었고 이스라엘의 12명의 정찰대와 같이 잠시 일본을 배우고 한국으로 돌아왔다. 그러나 대학교에 입학하자 이 약속을 까마득히 잊어버렸다. 군대를 다녀왔을 때도 이 약속은 잊고 있었다.
　그러다가 대학교 고학년이 되어서야 문득 6년 전 하나님께 드린 약속이 생각났다. 그때부터는 마음 가운데 늘 거룩한 부담감을 갖게 되었고, 무엇을 해도 마음이 개운하지 않았다.

회사 입사에 많은 실패를 보았지만 일본 내 회사에서만큼은 합격할 수 있었다. 하나님께서 친히 일본 선교의 길로 인도해 주신 것이다. 일본으로 취업의 문이 열리고 나가사키에 도착하자 마음에 편안함을 느낄 수 있었다. 외국이기에 주변 환경에서 오는 어려움도 있지만 마음만은 늘 평안하고 감사가 넘친다. 이것이 하나님께서 주시는 마음이라고 생각한다.

우리나라에서는 많은 청년들이 매년 해외 단기 선교를 떠난다. 선교지에서 기도를 드리며 선교 활동을 통해 큰 은혜를 경험하고 선교의 헌신을 다짐한다. 대학교 때 어학연수, 교환유학생으로 해외에서 공부하는 기회를 가진 학생들도 많이 있다. 많은 학생들이 해외에 나갈 때면 하나님께 헌신의 기도를 드리고 출국한다. 또 선교한국, 퍼스펙티브스 교육을 통해 선교에 헌신을 약속하기도 한다.

해외에서 유학하는 학생들은 코스타 집회 혹은 교회 집회에서 하나님께 선교를 위한 헌신의 약속을 드리기도 한다. 그 후 우리는 현실로 돌아와 자신의 삶에 집중하게 된다. 일을 하기 시작하고 또 가정이 생기면서 자연스럽게 비전에 자신의 결단을 맞추기보다는 환경에 자신을 맞추어 살아가게 된다. 시간이 흐름에 따라 선교의 열정은 점차 식어간다. 선교는 자신이 아니라 특별한 사람들만이 하는 것으로 생각하게 된다.

　이러한 실수를 피하기 위해서는 우선 같은 비전을 가진 사람들과의 모임을 지속적으로 가져야 한다. 함께 비전을 공유하며 기도하면 흔들리지 않고 비전을 향해 전진할 수 있다. SNS를 통해서도 온라인 모임을 통해 선교에 관한 많은 정보들을 접할 수 있다. 늘 선교의 정보를 가까이에서 확인할 수 있도록 설정해 놓는다. 또 선택과 집중을 하는 것이 현명하다.

　해외 선교를 결정했다면 해외에서 근무하는 회사, 학교만을 선택하여 지원하는 방법, 혹은 정확한 한 국가를 선택했다면 한 국가만을 중점적으로 지원하는 방법이 바람직하다. 선택과 집중을 통해 많은 에너지를 한 곳에만 집중적으로 쏟을 수 있기에 보다 시간적으로 물질적으로 효율적인 방법이라 할 수 있겠다.

　지금까지 하나님께 드린 약속들을 생각하며 기도드리자. 그리고 결단하자. 환경에 맞는 삶이 아니라 비전을 선택하는 삶을 살기를 원한다. 하나님께 순종의 기도를 드리고 선교의 문을 두드려 보기를 바란다. 그 길은 험하고 어려울 것처럼 보이지만 직접 그 안을 걷고 있으면 평안하고 행복하다. 예전에 선교지에서 드렸던 약속들을 기억하며 그 약속을 지켜내기를 소망한다.

헤븐 조선 16
세 단계의 선교

선교를 위해서는 세 단계의 동력이 필요하다. 첫 번째는 복음을 전적으로 선포하고 많은 사람들을 섬기는 목회자 선교사가 필요하다. 선교지에서 기도하고 찬양하며 그 터를 단단하게 굳히는 작업이 필요하다. 이 역할은 목회자 선교사를 통해 확장되어 간다.

두 번째는 목회자 선교사를 돕는 비즈니스, 교육, 의료 선교사가 필요하다. 비즈니스, 교육, 의료 선교사는 목회자 선교사 곁에서 물심양면으로 돕고 교회를 섬기는 역할을 한다. 그들은 선교지에서 일을 통해 접하는 불신자들을 쉽게 만날 수 있고 교회로 인도할 수 있다.

세 번째는 보내는 선교사이다. 선교지에는 함께하지 못하지만 기도와 물질로 선교사들을 도울 수 있다. 또 선교사가 잠시 귀국했을 때 언제나 따뜻하게 맞이해 줄 수 있는 협력자도 필요하다.

우리나라에도 처음으로 선교사들을 통해 복음이 전해졌을 때 세 단계의 선교가 잘 이루어졌다는 것을 알 수 있다. 먼저 아펜젤러 선교사를 통해 정동교회가 세워졌고 그곳에서 복음이 선포되기 시작했다. 많은 사람들이 예수님의 복음을 듣기 시작했고 교회는 성장하기 시작했다.

여기에 그치지 않고 배재학당이 세워져 미래의 꿈나무들을 기르고 가르치는 학교가 탄생하였다. 이 도움은 많은 동역자 선교사들, 선교사들의 고국의 이름 모를 많은 후원자들이 있었기에 가능했다.

비슷한 시기에 온 언더우드 선교사도 이와 흡사하다. 언더우드 선교사는 새문안교회를 세우고 복음을 전파하기 시작했다. 또 학생들을 위해 연희전문학교를 건립하였고, 이 또한 많은 이들의 헌신과 고국의 많은 후원자가 있기에 가능했다. 기독인 실업가 세브란스는 많은 돈을 헌금하여 제중원을 재건축하여 많은 이들에게 의료 혜택을 제공해 주었다. 후에 연희전문학교와 세브란스 병원이 통합하여 지금의 연세대학교가 시작되었다.

우리는 지금까지 첫 번째 단계의 선교에 많이 치중해 왔다. 선교사를 파송하고 그들에게 물질과 헌신을 통해 교회를 세우는 일이었다. 하지만 이제는 시대가 변하였고 목회자의 신분으로 입국이 불가능한 국가도 많아졌다.

그러므로 지금 이 시대에 필요한 단계는 두 번째 단계이다. 비즈니스, 교육, 의료 선교를 하는 이들은 선교지에 쉽게 입국이 가능하고 현지인들과도 접근이 가능하다. 또한 자립이 가능하고 현지 교역자를 직접적으로 도울 수 있다. 중동 지방이나 공산권 국가에는 비즈니스 선교가 필수적이다.

또 세 번째 단계로 기도로 돕고 물질적으로 섬기는 역할이 중요하다. 지금은 교통이 발달하였기에 휴가, 방학을 이용해 단기 선교로도 함께 동역할 수 있다.

우리나라가 해외 선교를 더욱 확장시켜 나갈 때 하나님께서 우리에게 주시는 복은 실로 엄청날 것이다. 고 하용조 목사는 생전에 교회에서 7년 이상이 된 성도들에게 연약한 교회 혹은 선교지로 나가라고 부탁하였다. 이 사실은 언뜻 보기에는 이해되지 않지만 이렇게 해야 우리 교회도 살고 이웃 교회도 살고 한국 교회가 살고 대한민국이 살 수 있다.

예전에는 잘 이해가 되지 않았지만 선교지에서 생활을 하다 보니 목사님의 말씀이 가슴 깊이 마음으로 느껴진다. 선교지에는 많은 동역자가 필요하다. 한국의 뜨겁고 열심 있는 청년들을 필요로 하는 곳이 많다.

헤븐 조선 17
잘 맞는 선교

    성경에 등장하는 인물들 중에 진정한 선교사를 한 명 뽑으라고 한다면 당연 바울이라 할 수 있겠다. 그는 3차에 걸친 전도여행을 통해 수많은 도시에서 복음을 전파하였다. 그는 율법에 열심인 바리새파의 일원으로서 성장하였고 그리스도교를 박해하는 임무를 맡고 있었다.

    그런 그가 다메섹 도상에서 예수 그리스도를 만나 유대인들이 기다렸던 메시아가 예수 그리스도라는 사실을 인정하게 된다. 예수 그리스도를 믿는 이들을 방해하던 자가 오히려 전파하는 자로 임무가 변경되었다.

    예루살렘 교회에서는 사도 베드로를 중심으로 많은 유대인들이 모여 예배를 드리고 있었다. 예루살렘은 예수님께서 활동하시고 십자가에 못 박혀 돌아가신 곳으로, 예수님의 살아생전 직접 가르침을 받은 많은 사람들이 있었다. 예수님의 가르침을 직접 받지 못한 바울이 예루살렘 교회에서 활동하기란 결코 쉬운 일이 아니었다. 예수 그리스도가 살아 있었을 당시 바울이 직접 대면한 적이 없었기 때문이다.

또 한 가지, 유대교인들은 항상 바울의 목숨을 노리고 있었다. 그가 유대교를 배반했기 때문이었다. 이 때문에 바울은 쫓기는 신세가 된 것처럼 보이지만 이 모든 일은 하나님께서 인도하신 것이다. 그에게는 이방인의 사도로서 많은 백성들에게 복음을 전파하는 사명이 주어졌다.

바울은 유대인인 동시에 로마인이기도 했다. 그 당시 예루살렘을 실질적으로 통치하는 자는 로마 총독이었다. 지중해 근변은 모두 로마제국이 통치하고 있었기에 로마인이기도 한 바울은 로마 영토 안에서 예수 그리스도를 전하기에 적합한 인물이었다.

예루살렘은 사도 베드로가 인도하고 지중해 근변과 로마에서는 사도 바울이 복음을 전했다. 사도 바울이 예루살렘 교회를 베드로 대신 인도할 수 없었고, 사도 베드로도 지중해 여러 교회를 대신 인도할 수 없었다. 이처럼 하나님께서는 우리 각자에게 맞는 과업을 주신다.

어떤 사람은 국내에서 선교사를 돕는 사역을 부여받았고, 어떤 사람은 해외에서 직접 선교하는 사역을 부여받았다. 하나님께서는 아프리카, 중동, 아시아, 아메리카 등 적합한 곳에 적합한 사람을 선택하여 보내신다. 어느 사역지 하나도 소중하지 않은 곳은 없다.

나는 일본을 사랑했고 일본의 문화, 음식, 사람들을 좋아했다. 그리고 예수님과 사랑을 나누며 자연스럽게 일본 선교에 관한 열정을 갖게 되었다. 지금도 '일본 선교'라는 주제만 나오면 가슴이 뭉클해지며 뜨거운 마음을 갖게 된다. 그렇기에 아직까지는 일본이 아닌 다른 국가에서 장기 선교사로 복음을 전해야겠다는 생각을 해본 적이 없다. 일본은 나에게 가장 알맞은 선교지라고 생각한다.

어느 한 나라만 생각하면 마음이 거룩한 열정으로 변하는 사람이 있을 것이다. 혹은 아직 구체적인 나라를 결정하지는 못했지만 하나님의 거룩한 사명인 선교에 헌신한 사람들도 있을 것이다. 사도 바울과 같이 해외 선교를 위해 떠나보지 않겠는가? 한국 교회의 사역은 많은 교회의 목사님들과 성도들께 맡겨드리고 해외 선교의 사역을 위해 헌신하지 않겠는가?

예루살렘 교회를 가장 잘 맞는 사도 베드로에게 맡기시고 이방인 선교를 적임자인 사도 바울에게 맡기신 하나님께서 우리를 가장 잘 맞는 선교지로 이끄실 것이다. 예수님을 신뢰하며 나아가자.

헤븐 조선 18
방송 선교

일본 교회에서 예배 가운데 찬양을 부를 때 혹은 말씀을 들을 때 무언가 부족한 느낌이 들 때가 있다. 성가대, 찬양인도자가 훌륭하지 못하거나 설교 말씀이 은혜롭지 못해서가 아니라 언어적인 부분에서 은혜가 전달되지 않을 때이다. 모국어인 한국어로 드리는 찬양과 말씀은 자연스럽게 몸과 마음으로 스며들어 오지만 외국어로 드리는 예배는 조금은 부자연스럽게 전달되어 온다.

예배 형식도 교회에 따라, 국가에 따라 다르기 때문에 은혜가 전달되지 않을 때도 있다. 예를 들어 일본 교회에서는 통성기도를 드리지 않는다. 한국에서 예배 때마다 통성기도와 방언으로 기도를 드렸던 나는 일본 교회에서 예배를 마친 후 무엇인가 시원하지 못한 느낌이 들 때가 있었다. 소리 높여 방언기도를 하고 싶을 때가 많았다. 굉장히 답답하지만 그 나라 문화에 맞추어 예배를 드려야만 했다. 이것도 선교의 훈련이라고 생각한다. 현지 교회에서 적응하기 어려운 이유로 많은 사람들이 한인교회를 찾기도 한다.

요즘은 통신의 발달로 한국의 교회 예배를 생방송으로 혹은 녹화방송으로 쉽게 함께할 수 있다. 핸드폰으로도 쉽게 연결이 되어 언제든지 시청이 가능하다. 찬양도 각 교회 홈페이지, 애플리케이션을 통해 쉽게 들을 수 있기에 큰 은혜를 받을 수 있다. 나는 출퇴근 시간에 자동차 안에서 한국 기독교 방송을 통해 한국어로 말씀을 듣는 시간을 갖는다.

또 혼자만의 시간을 가질 때는 방언으로 통성기도를 드리면서 기도의 갈증을 해소한다. 한국어로 드리는 찬양은 가사 한 소절 한 소절 음미하면서 부를 수 있기에 더 큰 은혜를 받을 수 있다. 한국 교회를 직접 찾아가 예배를 드리지 못하지만 방송을 통해 한국 예배를 드릴 수 있음에 감사하다.

새벽에는 생방송으로 한국 교회 새벽 예배를 드리기도 한다. 평소에 집에 있을 때도 기독교 방송을 틀고 있으면 자연스럽게 흐르는 찬양과 말씀으로 가정이 평안함으로 변화되는 것을 경험했다. 한국에 거주할 때는 방송 선교의 소중함을 깨닫지 못했지만 선교지에서는 방송 선교가 큰 힘이 된다. 방송 선교는 선교사들에게 큰 힘을 공급해 주고 있다.

현지어로 된 선교 방송은 아직 예수님을 믿지 않는 많은 사람들에게 그리스도교에 관해 설명해 줄 수 있는 좋은 매체가 된다. 선교사가 쉽게 입국하지 못하는 이슬람권 국가, 공산주의 국가에 보다 복음을 효율적으로 전달할 수 있다. 실제로 이들은 그리스도교에 관해 오해하고 있는 부분들이 상당히 많기에 선교 방송을 통해 예수님에 관하여 정확히 알려 줄 수 있다.

또 환경에 의한 신앙의 통제가 있기에 가정 안에서 쉽게 복음을 접할 수 있는 방송 선교는 매우 필요하다. 주변에 교회가 없는 곳이나 거동이 불편한 환자, 노인들에게도 선교 방송을 통해 쉽게 복음을 전달할 수 있다. 또한 선교사들에게도 현지어 선교 방송은 현지 교회와 문화, 언어를 익히는 데에 있어서 큰 도움이 된다.

방송 선교를 유지하기 위해서는 상당한 에너지와 예산이 소모된다. 한국에도 기독교 방송이 많이 있기에 '굳이 이렇게 많은 선교 방송이 필요한가'에 관하여 의문을 품고 있는 사람들도 있다. 기독교 방송은 국내뿐만 아니라 선교지에서도 큰 힘이 된다. 선교사에게도, 미신자에게도 복음을 효율적으로 전달하며 어느 곳에나 들어갈 수 있다.

선교 방송은 이 시대에 하나님께서 주신 큰 선물이다. 선교 방송을 위해 수고하고 헌신하는 모든 분들도 이 시대의 진정한 선교사이다.

국가 정보

수도: 아부다비
언어: 아랍어

아랍에미리트

인구는 약 570만 명으로 세계 111위를 기록하고 있으며, GDP는 약 3,750억2,200만$로 세계 31위이다. 대통령 중심제의 연방공화제이며, 의회와 정당은 없다. 종교는 이슬람교(수니파 80%, 시아파 16%)가 대부분이며, 기독교와 힌두교도 일부 믿는다. 현재 연방정부 형태는 7개 토후국의 수장(국왕)으로 구성된 연방최고회의에서 선출하는 대통령 중심제이고, 최고 회의 산하에 내각을 두었으며, 일반 정책을 집행하고 있다.

언어는 아랍어 외에도 영어가 통용되고 있다. 아랍에미리트는 한 세대 만에 가난에서 엄청난 부를 이루며 급속히 발전하였다.

1. 역사

아랍에미리트 인구 대다수가 이슬람교를 믿고 있으며, 인구의 4%만이 기독교와 힌두교 신자다. 기독교, 힌두교도 등 비이슬람교인들은 모두 외국인이다. 아랍에미리트는 수니파 이슬람교가 국교로서 사회 전반을 지배하고 있다. 아부다비, 두바이 등의 특정 지역을 외국인 종교 지역으로 인가하여 타종교의 활동을 허용하고 있다.

그러나 아랍에미리트 국민에 대한 타종교의 전도 활동은 불법으로 지정되어 있다. 매년 이슬람력 12월 8일~12일간 메카 성지 순례가 있는데 이를 위해 5일간 휴가를 실시한다.

2. 현재

아랍에미리트인의 종교는 사회·문화·일상생활 전반과 불가분의 관계에 있으며, 개인의 자기 정체성의 주요 요소를 이룬다. 이슬람교는 단순한 신앙 체계가 아니라 사회생활 전반이 합일된 생활양식으로서 이슬람의 이해 없이 아랍에미리트를 이해하기란 불가능에 가깝다. 다만 사우디아라비아나 이란 등에 비해서는 종교와 관련된 규제가 약한 편이다.

현재 아랍에미리트에는 한국 건설회사가 많이 진출해 있으며 약 154개 한국 기업의 40%가 중동 지역 관할을 두바이에서 실시하고 있다. 아랍에미리트는 전형적인 아랍 산유국형의 경제구조로, 원유의 생산 및 수출에 많은 부분을 의지하고 있다. 현재 상업, IT 산업, 석유로 이룩한 부를 가지고 국가 발전에 많은 투자를 하고 있다.

3. 비전

중동의 중심 아랍에미리트의 두바이, 아부다비로 많은 투자가 이루어지고 있다. 한국의 많은 기업들도 중동의 거점으로 아랍에미리트로 몰리고 있다. 앞으로 석유, 가스 자원이 풍부한 경제국의 역할을 넘어 관광지, 금융 도시, 스포츠 도시로의 역할도 확대될 전망이다.

이슬람권에는 선교사 신분으로 입국할 수 없기에 많은 비즈니스 선교사들의 역할이 중요하게 부상하고 있다. 또한 아랍인들은 서양인들과 국가 간 대립관계에 있기에 아시아인들이 복음의 통로의 역할을 해야 한다. 외국인은 선교의 자유가 없기에 아랍에미리트 국민들이 자체적으로 복음을 전할 수 있도록 제자들을 양성하는 것이 첫 번째 목표이다. 그 제자들을 통해 복음은 더욱 퍼져나갈 것이다.

PART 3 실행

헤른 조선 19
백 번째 지원 서류

    일본으로 오기 전 계약직으로 4개월간 숭실대학교 경력개발센터에서 교직원으로 근무를 하였다. 그때 경력개발센터에서 학생들과 컨설팅 회사(이미지, 자기소개서, 모의 면접)를 연결하는 직무를 맡게 되었다. 취업을 하기 위해 준비해야 할 것들을 학생들에게 안내하는 일이 주된 업무였다. 그 업무를 통해 많은 것을 배울 수 있었고 그것은 후에 취업을 할 때 큰 도움이 되었다.

    취업지원관은 될수록 많은 회사에 지원을 하라고 하셨다. 기본적으로 학생들에게 100개 이상의 회사에 입사지원서를 제출하라고 조언한다. 그러면 대략 평균적으로 10개 정도의 회사에서 면접 제의가 들어오고, 면접시험을 통해 최종적으로 합격하는 회사는 두세 곳이 되리라는 것이다. 그 중에 자신에게 알맞은 회사를 선택하라고 하였다.

한국은 현재 취업대란이 일어났다. 명문대 졸업생들도 예외는 아닐 것이다. 공무원 시험에는 매년 많은 인원이 지원을 하여 80대1 이상의 경쟁률을 보이고 있고, 대기업 입사 경쟁률도 국가고시 못지않게 어렵다.

100개 이상의 회사에 지원하여 최종 1곳에 합격하기 위해서는 평균적으로 95개 이상 실패를 맛보아야 한다. '탈락', '탈락', '탈락'의 연속은 자신감을 상실하게 하며 모든 의욕을 꺾어버리고 만다. 그때의 좌절감은 이루 말할 수 없다. 재수, 삼수의 생활은 참으로 비참하기까지 하다.

하지만 이때 선교사의 마인드를 적용하여 보자. 선교사는 하나님께서 부르시는 곳에서 복음을 전하는 사람이다. 그렇기에 하나님께서 부르신 곳으로 가야만 한다. 처음에 대부분의 사람들은 하나님께서 어느 곳으로 부르고 계신지 명확히 알지 못한다. 그렇기에 매일 한 걸음 한 걸음 인도하시는 하나님께 집중하며 따라갈 수밖에 없다.

"하나님, 제가 어느 곳으로 가야 합니까? 하나님께서 친히 인도하여 주십시오. 하나님의 뜻이 아닌 곳이라면 길을 막아 주시고 하나님의 뜻이라면 길을 열어 주소서. 어떤 결과라도 하나님의 뜻으로 받아들이겠습니다."

나는 비즈니스 선교를 위해 일본 여러 지역 중 어느 곳으로 가야 할 것인지 기도하며 준비했다. 삿포로, 도쿄, 아이치, 오사카, 나고야, 후쿠오카, 구마모토, 나가사키 등 많은 회사에 입사 지원을 하였다. 그리고 많은 회사에서 탈락하였다. 그때마다 "하나님, 이 도시는 하나님의 뜻이 아니었군요"라며 긍정적으로 받아들일 수가 있었다.

탈락의 아픔이 완전히 없었던 것은 아니지만, 내 삶 가운데 인도하시고 계시는 하나님을 신뢰하였다. 그리고 나가사키와 구마모토에 있는 회사에 합격했을 때는 "하나님께서 저를 규슈(일본 남부의 섬)로 부르셨군요"라며 기쁘게 받아들일 수 있었다. 나가사키와 구마모토 회사를 두고 기도한 끝에 최종 나가사키로 오게 되었다.

선교를 위한 선한 뜻을 가지고 선교단체 혹은 회사에 입사 지원을 했어도 많은 실패를 경험할 수 있다. 하지만 우리가 욕심이 아닌 하나님의 선한 계획을 바라고 기대한다면 탈락이라는 결과를 통해서도 인도하시는 하나님을 느낄 수 있다. 하나님을 신뢰하며 한 걸음, 한 걸음 나아가기를 소망한다. 하나님께서 원하시는 곳으로 지금도 우리를 인도해 주고 계신다는 사실을 기억하자.

헤븐 조선 20
인도하심과 도우심

    나가사키에 와서 한 동안 주일 성수를 제대로 하지 못했다. 리조트 레스토랑 팀에서 일을 해야 했으며 레스토랑은 주일이 가장 바쁜 날이었기 때문이다. 처음 두 달간은 제대로 주일 예배를 드리지 못하고 수요예배에만 참석할 수 있었다. '이 일을 하기 위해 일본에 왔는가?'라는 회의가 들었지만 열심히 기도하기 시작했다.

    5개월이 지나 새로운 후배가 들어오게 되었다. 원래는 마케팅팀으로 갈 예정이었던 후배가 자처하여 레스토랑으로 들어오겠다고 했다. 인원이 늘어나자 근무표에 조금의 여유가 생겼다. 기회를 틈타 팀장에게 주일에는 교회를 다녀오고 싶으니 오후 근무로 시간을 변경해 달라고 부탁했다. 그리하여 주일에는 오후 12시부터 오후 9시까지 근무하게 되었다.

아침 일찍부터 교회에 다녀와 저녁 늦게까지 회사에서 일하였기에 주일이 일주일 중 가장 피곤한 하루였지만 마음 가운데는 늘 평안함이 있었다. 교회에서 은혜를 받고 돌아와서 근무를 하니 얼굴이 밝아 많은 손님들이 인상이 좋다며 칭찬해 주기도 했다. 또 교회에서는 청년이 바쁜 가운데에서도 열심히 신앙생활을 하는 모습을 보니 너무 좋다며 칭찬해 주기도 했다.

그렇게 2년의 세월이 흐르고 주위의 많은 분들에게 인정을 받기 시작했다. 현재는 부서 이동을 하여 총무 팀에서 회계 업무를 맡고 있다. 지금은 주일에 쉴 수 있으며 주일예배를 드릴 수 있게 되었다.

처음부터 좋은 직무, 좋은 환경이 주어지지 않을 수도 있다. 어려움을 받아들이기 힘들 때가 있지만, 그 경험을 통해 겸손하게 변화되는 자기 자신을 발견할 것이다. 나는 대학교 저학년 때 주일에 근무하는 회사에 취업을 하는 크리스천 선배들이 이해가 되지 않았다. 주일에 교회에 출석하지 못할 것을 알면서도 왜 그런 회사에 입사하는지 마음속으로 비판도 하였다.

하지만 졸업생이 되어 취업이 쉽지 않다는 것을 알게 되었다. 그리고 사회의 큰 틀에서 볼 때 일요일에도 일을 하는 사람이 있어야 사회가 유지된다는 사실을 알게 되었다. 주일에 일을 함으로써 버스, 택시, 병원, 경찰서, 소방서 등 평소에 관심 있게 보지 않던 곳을 유심히 볼 수 있게 되었고 덕분에 보다 겸손하게 되었다.

또한 해외에서의 생활은 외로움과 불안감이 늘 함께한다. 때로는 무시를 받을 수도 있다. 하지만 선교라는 비전을 가지고 선교지에서 기도하면서 나아간다면 그 지역이 조금씩 변화하는 것을 느낄 수 있을 것이다. 한 걸음, 한 걸음 인도해 주시는 하나님의 따뜻한 손길을 체험할 수 있을 것이다.

언어도 완벽하지 않고 생활이 만족되지 않을지라도 하나님께서 함께 계시면 마음 가운데 평안이 찾아온다. 내 일본어 실력은 부족하지만 교회에서 간증할 때, 주일학교 설교를 할 때 은혜를 받는 신자가 있다. 언어를 통해 각 사람에게 전달되지만 그것을 깨닫게 하시고 감동하게 이끌어 주시는 분은 하나님이시다.

"여호와는 나의 목자시니 내게 부족함이 없으리로다 그가 나를 푸른 풀밭에 누이시며 쉴 만한 물가로 인도하시는도다 내 영혼을 소생시키시고 자기 이름을 위하여 의의 길로 인도하시는도다 내가 사망의 음침한 골짜기로 다닐지라도 해를 두려워하지 않을 것은 주께서 나와 함께하심이라 주의 지팡이와 막대기가 나를 안위하시나이다 주께서 내 원수의 목전에서 내게 상을 차려 주시고 기름을 내 머리에 부으셨으니 내 잔이 넘치나이다 내 평생에 선하심과 인자하심이 반드시 나를 따르리니 내가 여호와의 집에 영원히 살리로다"(시 23:1-6).

헤븐 조선 21
선교지에서의 감사

나가사키라는 선교지에서 새로운 생활이 시작되었다. 회사에서 일을 배우며 적응하면서 쉬는 날에는 교회 봉사도 참여하게 되었다. 어느새 생활에 안정이 찾아왔다. 삶의 여유와 함께 감사의 시간이 넘쳐났다.

우선 첫 번째 감사는 일본 교회를 위해 섬길 수 있게 된 것이다. 나가사키 침례교회에 등록을 하고 신앙생활을 하게 되었다. 지금까지는 학생이라는 신분이었기 때문에 헌금을 많이 드리지 못했지만 현재는 사회인으로 봉급도 받고 있기 때문에 물질적으로도 헌금을 할 수 있게 되어 감사했다.

우리 교회에는 십일조라는 개념보다는 월정헌금을 드리고 있고 첫 열매 헌금도 명확하지 않았다. 그렇지만 한국에서 배운 대로 첫 열매를 모두 하나님께 드리고 꾸준한 십일조를 봉헌하였다. 의외로 많은 성도들이 놀라워했다. 또 쉬는 날에는 교회에 나와서 기도하고 봉사할 수 있는 시간을 갖게 되었다. 휴가를 아껴서 교회 단기 선교에도 참여하고 있다.

그러면서 한국에서 당연하게 생각했던 것들에 대해 많은 신자들이 도전을 받게 되는 모습을 보았다. 이것이 한국 기독교의 힘이라는 생각이 들었다. 한국의 많은 청년들이 한국 교회에서 배운 대로 선교지에서 섬긴다면 많은 교회들이 힘을 얻고 도전을 받을 것이라고 생각한다.

두 번째는 교회 개척이라는 사역에 초청해 주신 점이다. 나가사키 침례교회는 지난 10년 가까이 북부 교회 개척에 힘을 쏟았다. 시내 중심부에 교회가 있지만 북부 쪽에는 아직 교회가 부족하기 때문에 매년 북부 교회 개척을 위해 노력하고 있었다. 마침 내가 근무하는 회사가 나가사키 북부 지역에 위치하고 있었기에 자연스럽게 북부교회개척위원회에 참여하게 되었.

1년 가까이 교회 개척을 위해 함께 기도로 준비하였고 그 결과 2016년 10월부터 나가사키 외국어대학교 캠퍼스 안에서 예배가 시작되었다. 이 중요한 사역에 3월부터는 북부전도 실행위원장으로 세워 주시고 공동체를 함께 이끌어 가게 해주셨다. 북부 지역에 있는 회사에 일을 허락하시고 선교사로서 귀한 사역까지 맡겨 주시니 너무 감사하다.

　세 번째는 좋은 가정을 만들어 주신 점에 감사를 드린다. 한국에서 가정을 꾸리고 선교지에 오는 방안도 있지만 하나님께서는 그렇게 허락하지 않으시고 혼자서 일본에 오게 하셨다. 그리고 나가사키 침례교회에 출석하게 되었고, 자연스럽게 교회 행정직원으로 섬기는 마미코 자매와 만나게 되었다. 연상의 여인이지만 한결 같은 신앙을 보면서 호감을 갖게 되었고, 선교를 위해 함께할 것을 약속하고 결혼하였다.

　하나님께서는 혼자서 선교지에 나와 있는 나를 위해 좋은 배필을 허락해 주셨다. 또 결혼과 동시에 아리시라는 멋진 아들도 허락해 주셨다. 선교지에서 문화, 언어, 환경이 다르지만 가장 가까운 곳에 일본인 가족을 주셔서 일본에서 신앙생활이 한층 가벼워졌다.

　한국에서는 길이 잘 열리지 않았지만 이 모든 것이 선교지로 인도하시기 위한 하나님의 계획이었다고 생각한다. 선교지에서는 하나님께서 문을 하나씩 하나씩 열어 주시는 느낌이 든다. 하나님께서 한 걸음 한 걸음 인도해 주시는 체험을 한다. 한국의 크리스천들이 선교지에 나와 이와 같은 하나님의 큰 사랑을 함께 받기를 소망한다. 그 모습을 통해 선교지의 신자들이 또한 도전과 은혜를 경험할 것이다.

헤븐 조선 22
동역자의 중요성

인간은 혼자서는 살 수 없다. 함께 도움을 주고받는 상대가 필요하다. 전능하신 하나님께서는 사람에게 사명을 맡기실 때 그 사명을 함께 이루어나갈 동역자를 허락하신다. 아담이 혼자 있는 것을 안타까워하시며 하와를 허락하셨다.

"여호와 하나님이 이르시되 사람이 혼자 사는 것이 좋지 아니하니 내가 그를 위하여 돕는 배필을 지으리라 하시니라"(창 2:18).

청년들은 배우자를 신중히 선택해야 한다. 선교지에서 함께 동역할 수 있는 배우자를 위해 항상 기도해야 한다. 서로가 같은 비전을 가진 이성을 만나면 가장 좋겠지만 선교의 뜻을 가지고 있는 사람은 한정되어 있기 마련이다. 그렇기에 우선 하나님께 전적으로 마음이 열려 있는 사람을 찾기 바란다. 신앙적으로 마음이 열려 있는 사람이라면 지금은 선교의 뜻이 없을지라도 하나님께서 인도하시는 때에 선교의 여정을 함께할 것이다. 두 사람을 하나로 만드시고 가장 좋은 동역자로 세우셔서 선교지로 인도하실 것이다.

예수님께서도 혼자서 사역을 감당하지 않으시고 12제자들을 선택하여 교회를 세우게 하셨다. 이처럼 선교지에서도 동역자는 너무나 중요한 존재이다. 하나님께서 우리를 선교지로 보내셨지만 우리 혼자만으로는 힘이 부족하다. 쉽게 탈진하기 쉬우며 어려움에 처할 때는 혼자서 해결하기 어려운 문제도 많다. 우리에게는 반드시 동역자가 필요하기에 선교단체 혹은 교회의 선교 모임에 참여하기를 권한다.

같은 비전을 가진 선교단체 혹은 교회 내 선교단체에 참가하면 많은 동역자를 만날 수 있다. 같은 교회의 멤버라 할지라도 다양한 비전을 가지고 있기에 자신과 비전이 맞는 사람들과의 교제가 이루어지지 않을 때도 있다. 그럴 경우에는 같은 비전을 가진 선교단체에 참여하기를 권한다.

동역자와 함께 같은 비전을 위해 기도할 수 있고 협력할 수 있다. 혼자서 준비하는 것 이상으로 큰 도움이 된다. 또한 선교를 경험한 선배들로부터 유용한 조언을 들을 수 있다. 선교지의 현재 상황을 명확히 알 수 있고, 장차 준비해야 할 것들에 대해 조언을 들을 수 있다. 때로는 현재 선교지에서 사역하는 선교사를 소개받을 수도 있다.

나는 일본에 출국하기 전 일본복음선교회를 방문하여 강의를 들을 수 있었고, 지금 나가사키 침례교회의 조은민 목사님을 소개받았다. 그리고 선교지에서 조 목사님을 뵙고 여러 도움을 받고 있으며 일본복음선교회와도 좋은 관계를 맺게 되었다. 후에는 일본복음선교회에 속하여 일본 선교의 기초훈련을 받게 되었다.

선교단체를 통해서도 선교사 파송을 받을 수 있다. 교회에서 파송을 받기도 하지만 파송 교회가 없을 경우에는 선교단체를 통해서도 선교사 파송이 가능하다. 선교지에서 종교비자가 필요할 경우 선교단체로부터 보증을 받아 발급받을 수도 있다.

아직까지 우리나라 선교단체는 선교사의 복지에 관한 부분은 미흡하지만 해외 선교단체는 선교사 케어, 교육비, 생활비, 연금 등도 잘 준비되어 있다. 선교사가 선교지에서 만나는 어려움들을 선교단체의 도움을 받아 극복할 수 있는 안전장치가 마련되어 있는 것이다.

선교지에서 선교사가 자주 바뀌는 것은 건강하지 못한 현상이다. 혼자서는 감당할 수 없는 어려움을 서로가 협력하며 극복할 때 더 큰 변화가 일어나며 더욱 풍성한 열매가 맺힐 것이다. 합력하여 선을 이루는 아름다움을 경험하기를 바란다.

국가 정보

수도: 프놈펜
언어: 크메르어

캄보디아

인구는 약 1천 5백만 명으로 세계 68위를 기록하고 있으며, GDP는 194억$로 세계 110위를 나타내고 있다. 캄보디아의 정치체제는 입헌군주제로 국가원수는 국왕이나, 정부수반인 총리가 실질적으로 국정을 운영한다.

종교는 불교가 국교로 인구의 96.4%를 차지하고 있으며, 이슬람교가 2.1%, 기타 종교가 1.5%를 차지하고 있다. 크메르어를 사용하고 있으며 젊은 지식층을 중심으로 영어, 불어도 쓰이고 있다. 화교를 중심으로 중국어를 통용하기도 한다.

취약한 인프라와 원조 의존형의 경제 구조로 캄보디아의 제조업이나 농업 부문이 고전을 면치 못하고 있지만 앙코르와트와 같은 풍부한 문화유산을 간직하고 있기 때문에 관광업이 호조를 보이고 있다.

1. 역사

1923년 1월, CMA 선교회의 아더 하몬드(Arthur Hammond) 가정이 입국함으로 선교가 시작되었다. 하지만 불교국가인 캄보디아에서 자유롭게 복음을 전할 수는 없었다. 제2차 세계 대전이 끝난 후 복음을 전할 수 있는 자유의 기회가 주어졌다. 이때는 기독교인 숫자가 늘어났다. 베트남 전쟁 직후 1975년부터 급진 마르크스주의 무장단체인 크메르 루주가 집권하여 20세기 가장 잔인한 대량학살을 자행했다. 미국과의 관계가 악화되면서 모든 선교사가 추방을 당했고 많은 기독교 순교자가 발생했다.

1990년 4월 9일, 정부가 마침내 기독교를 인정하였고 기독교인들에게 신앙의 자유를 주었다.

2. 현재

1923년 1월 아더 하몬드(Arthur Hammond) 가정이 입국함으로 시작된 캄보디아 개신교는 약 90년의 역사를 맞이하였으며, 현재 약 3,000여 개의 교회로 성장하였다. 캄보디아에 장기 사역하는 한인 선교사가 입국한 지 20년이 넘었고, 캄보디아는 전 세계에서 아홉 번째로 한인 선교사가 많이 사역하는 나라이다.

캄보디아로 진출한 우리 기업은 누적 기준 총 710여 개 사로 부동산 건설 부분이 가장 많고, 그 뒤로 봉제업을 비롯한 제조기업, 도·소매업, 은행 진출 금융투자, 관광객 수요에 발맞춘 호텔 숙박, 음식업 등이 따르고 있다.

3. 비전

한국은 수년간 캄보디아를 방문하는 전체 외국인 관광객 중 1위, 2위를 차지하고 있다. 관광국가로 성장함으로 앞으로 더욱 많은 관광객들이 방문하게 될 것이다. 특히 캄보디아는 인도차이나 반도 지역의 선교 거점국가로 다수의 선교사들이 거주하고 있으며, 단기 선교를 목적으로 한 방문자도 증가 추세이다.

장기선교사를 파송하고 매년 단기 선교를 통해 장기선교사의 사역을 돕는 역할이 중요하다. 제조업 분야 중 봉제업은 중국 인건비 상승에 따른 제조원가 상승으로 현재 많은 바이어들이 캄보디아로 몰리고 있어, 일거리가 늘어날 것으로 예상한다. 또 근해에 매장되어 있는 석유와 가스가 앞으로 중요한 수입원이 될 것이다.

헤븐 조선 23
훈련의 필요성

한국인으로서 같은 민족인 한국 사람에게 전도하는 일도 쉬운 일은 아니다. 같은 문화, 언어를 가지고 있지만 사람들이 다양한 가치관과 환경을 지니고 있기 때문이다. 그렇다면 선교지에서는 어떠하겠는가? 문화도 다르고 언어도 다르고 가치관도 전혀 다르다. 선한 뜻을 갖고 했던 행동조차 오해를 받기 십상이고 언어가 통하지 않아 답답할 때가 많다.

우리는 선교지에서의 실수와 실패의 시간을 완전히 없앨 수는 없지만 조금이라도 줄이기 위해 선교 훈련을 받아야만 한다.

감사하게도 한국은 선교 교육 프로그램이 잘 마련되어 있다. 퍼스펙티브스 훈련을 통해 누구나 기초 선교 교육을 받을 수 있다. 예전에는 신학교에서만 들을 수 있던 강의를 평신도 또한 누구나 들을 수 있게 된 것이다. 퍼스펙티브스는 선교의 전체 4가지 관점(성경적 관점, 역사적 관점, 문화적 관점, 전략적 관점)에 대해 설명하고 있으며, 각 주제에 맞는 훌륭한 아티클을 접할 수 있다. 아티클은 세계적인 선교 전문가들의 논문과 글을 모아 책으로 출판한 것이기에 단시간에 다양한 정보를 접할 수 있다.

일 년에 두 차례 강좌가 오픈되고 있으며 12주 정도의 기간으로 공부를 할 수 있다. 때로는 집중클래스가 개설되어 5박 6일 코스로 진행이 될 때도 있다. 국내에 머물고 있는 선교사 지원자는 꼭 공부하기를 추천한다. 해외에서도 한인교회를 중심으로 많은 곳에서 퍼스펙티브스 강좌를 실시하고 있다. 또한 해외에 거주하는 사람들을 대상으로 인터넷을 통한 강의 수강도 가능하다. 이 경우에는 해외 IP에 접속할 경우 강좌를 등록할 수 있다.

선교 훈련에 있어서 가장 중요한 것 중의 하나가 바로 언어 훈련이다. 선교의 이해와 문화를 익혔지만 현지 언어를 구사하지 못한다면 의사소통이 제대로 이루어질 수 없다. 또한 복음이 제대로 전달되지 않는다. 그러므로 선교지 언어를 공부해 두는 것이 바람직하다.

선교지가 확실히 정해졌고 비전이 확실하다면 우선 해당 국가의 언어를 공부해야 한다. 언어는 많이 익히면 익힐수록 선교지에서 유용하다. 현지 언어가 가능하기에 사역지에서의 적응 기간을 줄일 수 있고 보다 쉽게 현지인에게 다가갈 수 있다. 선교지가 확실히 정해지지 않은 분들은 우선 영어를 공부하기 바란다. 영어는 세계 공통어로서 대부분의 국가에서도 사용이 가능하고, 해외 선교단체에서도 기본적으로 영어를 사용하고 있기 때문이다. 주의해야 할 점은 대학교 스펙을 위한 토익, 토플을 위한 공부보다는 회화 중심의 공부가 더 유용할 것이다. 주기적으로 선교지의 언어로 성경을 읽는 것도 중요하다.

또 기독교 방송을 통해 영어설교를 듣거나 인터넷으로 선교지 교회의 설교를 들으며 준비하는 방법도 있다. 이럴 경우 선교를 향한 기도와 언어 공부를 동시에 할 수 있게 된다. 주의해야 할 점은 선교지 언어를 통한 성경읽기, 예배는 한국어에 비해 우리에게 큰 은혜로 다가오지 않을 경우가 있을 것이다. 그렇기 때문에 지속적으로 이루어지지 않고 한국어를 통한 예배를 고집하기 쉽다.

하지만 중도에 포기하지 말고 2년 정도 지속할 필요가 있다. 그렇게 되면 선교지 언어로도 충분히 은혜를 경험하고 더 나아가 받은 은혜를 선교지 언어로 표현할 수 있게 된다.

선교 훈련을 잘 준비해 놓는다면 알맞은 때에 하나님께서 우리를 인도해 주실 것이다. 사모하는 마음으로 준비하며 때를 기다리자. 하나님을 신뢰하며 기쁨으로 훈련에 임하자.

헤븐 조선 24
선교지를 찾아라

　선교를 준비할 때 우리는 하나님의 계획보다 좋은 환경을 우선적으로 생각할 때가 많다. 기독교 국가인 미국에 많은 선교사가 파송된 사실에 우스갯소리로 "하나님께서도 미국을 가장 사랑하신다"라는 말이 있다고 한다. 우리는 본능적으로 좋은 환경, 교육, 의료 시스템을 갖춘 곳으로 가려고 한다. 반면 치안, 교육 시스템이 갖추어져 있지 않은 곳은 되도록 피하려는 경향이 있다.

　1. 선교지를 선택하려 할 때 크리스천이 적은 나라(지역)를 선택하라.
　일자리를 통해 해외를 가려 할 때 되도록 크리스천이 적은 나라를 선택하기를 바란다. 물론 크리스천이 적은 곳은 생활 가운데 여러 어려움도 있지만 그곳에서 주시는 하나님의 큰 은혜도 경험할 수 있다. 게다가 그곳의 목회자, 선교사들은 우리 열심 있는 청년 크리스천이 오기를 기도하며 기다리고 있다. 우리의 봉사, 기도, 헌금 등은 단 한 사람일지라도 큰 힘과 위로가 될 것이다.

중동 지역, 중국 지역은 목회자 신분으로는 입국하기가 쉽지 않다. 우리가 취업을 통해 그 나라에 들어가 날마다 기도하고 예배를 드린다면 그 씨앗이 심겨 자라나 나중에는 큰 열매가 될 것이다. 선교지에는 목회자, 전임 교역자도 필요하지만 비즈니스 선교사도 필요하다.

내가 많은 나라 중에 일본을 선택한 이유는 크리스천이 적은 나라이기 때문이었다. 크리스천 비율이 1%도 안 되는 나라 일본에는 현재 도쿄, 오사카 등 큰 도시에는 많은 교회가 건강하게 성장하고 있다. 그러나 지방에는 교회 재정의 어려움, 성도들의 부족, 고령화로 문을 닫는 교회가 늘어나고 있다.

현재 일본침례교단의 교회를 보면 전국 330여 교회 중 33곳이 목회자가 없는 무목교회라고 한다. 또 신학교에는 한 학년에 10명도 되지 않는 신학생들이 있다. 한국의 유명한 신학교 입학을 위해서 재수, 삼수까지 하는 학생들이 있다고 하니 많은 신학생들이 일본에 왔으면 좋겠다는 생각을 한다.

2. 좋은 직무보다는 좋은 회사를 선택하라.

해외에 진출하는 회사가 늘어나는 가운데 많은 직무를 선택할 수 있게 되었다. 사무직, 현장 근로자, 서비스직, IT기술직 등 많은 업종이 해외로 진출하게 되었다. 많은 회사가 해외에 진출하는 것도 사실이지만 적지 않은 회사가 해외에서 철수하는 사례도 늘어나고 있다.

여기서 중요한 사항은 먼저 좋은 회사를 선택하는 것이다. 경제적으로 건실하고 경험이 있는 회사를 선택하는 것이 중요하다. 건실한 회사는 어떠한 위기에도 쉽게 쓰러지지 않고 한국으로 철수하지 않는다. 그렇기에 안정적으로 오랫동안 선교지에서 일하면서 생활할 수 있다.

직무가 본인과 맞지 않더라도 인내하며 성실히 일해 보자. 그렇다면 반드시 길은 열릴 것이며 부서 이동, 전근 등을 통해 얼마든지 자신에 맞는 직무를 수행할 수 있는 기회도 올 것이다.

반대로 원하는 직무를 선택하여 건실하지 못한 회사를 선택했을 경우, 회사의 재정적 위기를 겪으면 한순간에 철수 혹은 실업자가 될 가능성이 크다. 일자리를 잃으면 취업비자도 잃게 되기에 선교지에 오래 머무를 수가 없다. 국내에서는 중소기업, 벤처기업에 도전해도 좋지만 해외에서만큼은 건실한 기업을 추천한다.

3. 선교사라는 확고한 정체성을 가지라.

해외 취업 후 처음 1년간은 새로운 문화를 접하며 호기심을 이어나간다. 하지만 1년 후 생활이 차츰 안정적이 될 때쯤 고국으로 돌아가고 싶은 마음, 고국의 음식, 보고픈 가족, 친구들로 인해 귀국하는 사례가 많다. 또한 선교지에는 영적으로 방해 세력도 많이 있다. 그때 우리에게 선교사라는 확고한 정체성이 있다면 어려움들을 잘 이겨낼 수 있을 것이다.

선교지에서 그 지역을 위해 기도하며 예배하고 동역자, 목회자들과 함께 어려움을 극복할 수 있다. 때로 힘이 들 때는 고국에 잠시 휴가를 다녀오는 것이 바람직하다. 실제로 해외 근무 사원에게는 때에 따라 고향에 다녀올 수 있는 휴가가 주어진다. 선교사라는 확고한 정체성은 뜨거운 열정을 동반하며 어려움을 극복하는 힘이 된다.

헤븐 조선 25
해외 취업 도전기

취업을 통한 비즈니스 선교사가 되기 위해서는 본격적으로 입사 지원을 시작해야 한다. 해외 취업이기에 입사 지원을 어떻게 해야 하는지, 시험을 어떻게 치러야 하는지 여러 가지 면에서 어렵기도 하지만 지금은 한국에서도 입사 지원을 할 수 있는 곳이 많다.

1. 키워드로 검색하라.

인터넷이 발달한 지금 대부분 입사 지원은 인터넷으로 이루어지고 있다. 취업포털사이트가 취업 관련 정보를 매일 업데이트하여 제공해 주고 있다. 우선은 여러 취업포털사이트에 접속하여 키워드로 검색을 실시한다. 일본으로 취업하기를 희망한다면 검색란에 '일본'이라고 입력한다. 그러면 일본과 연관된 많은 정보들이 나타나게 된다. 일본과 연관된 업무 중 한국 내 근무도 검색되지만 현지 채용 등의 정보도 나타난다. 시기가 잘 맞으면 바로 원하는 나라에서 취업 지원할 수 있는 기업도 나타나지만 때로는 오랜 시간 기다려야 하는 경우도 있다.

이 경우 매일 취업포털사이트에 접속하여 꾸준히 확인하는 것이 중요하다. 또 취업포털사이트에는 한국계 기업이 많이 등록되어 있다. 한국계 기업이기에 한국인을 우선적으로 채용하는 이점도 작용한다.

2. 국가기관을 통해 검색하라.

해외 취업과 연관 있는 국가기관은 대한무역투자진흥공단(KOTRA), 한국산업인력공단이 있다. 홈페이지에는 각각 글로벌 인재를 선발하는 취업공고란이 잘 공지되어 있다. KOTRA는 http://www.contactkorea.go.kr라는 곳에 해외취업 공고가 나타나 있으며 한국산업인력공단은 https://www.worldjob.or.kr에 취업정보와 안내를 받을 수 있다.

취업포털사이트와는 달리 이곳에는 중소기업이 많이 분포되어 있다. 국가기관이기에 신뢰 가능하며 해외 취업에 관한 상담도 전문적으로 받을 수 있다. 해외 취업의 정보와 노하우를 배울 수 있는 곳이다. 해외 국가별 기업 아카데미와 연수 프로그램도 준비되어 있기에 창업, 무역업을 준비하는 사람들에게 유익한 정보를 제공해 준다.

3. **취업박람회에 참석하라.**

해외기업 및 국내기업 해외법인회사가 참가하는 취업박람회에 참석할 것을 권한다. 해외까지 가지 않아도 현지 직원들을 한국에서 만날 수 있고 많은 정보를 제공받을 수 있다. 때로는 그 자리에서 바로 입사 면접시험을 치르기도 한다. 많은 기업이 한 자리에 모이기에 여러 곳의 입사시험을 볼 수도 있다. 해외기업은 영어, 전공에 관련한 테스트를 실시하며 글로벌 인재 채용에 중점을 준다.

반면 국내기업 해외법인회사는 한국어, 현지 언어, 전공 실력을 중점적으로 보며 한국 기업에 맞는 인재를 채용하는 경향이 크다. 나는 영어가 부족하기에 해외기업에는 모두 탈락했지만 현지 언어(일본어)와 한국 기업에 적합한지에 대한 테스트를 거쳐 국내기업 해외법인회사 두 곳에 합격했다.

해외 취업을 하면 선교지에 거주할 수 있고 일할 수 있는 기회도 생긴다. 목회자가 쉽게 들어갈 수 없는 국가에도 취업비자를 통해 선교지로 들어갈 수 있다. 금전적인 소득도 있기에 안정적인 생활도 가능하다. 우수한 실력이 있는 우리나라 청년들이 세계 곳곳에 퍼져 그곳에서 일하며 삶으로 선교하기를 원한다. 손을 뻗어 도전해 보기를 원한다.

거창고등학교 직업 선택 10계명

1. 월급이 적은 쪽을 선택하라.
2. 내가 원하는 곳이 아니라 나를 필요로 하는 곳을 택하라.
3. 승진의 기회가 없는 곳을 택하라.
4. 모든 조건이 갖춰진 곳을 피하고 처음부터 시작해야 하는 황무지를 택하라.
5. 앞을 다투어 모여드는 곳은 절대 가지 마라. 아무도 가지 않는 곳으로 가라.
6. 장래성이 없다고 생각되는 곳으로 가라.
7. 사회적 존경을 바랄 수 없는 곳으로 가라.
8. 한가운데가 아니라 가장자리로 가라.
9. 부모나 아내가 결사반대하는 곳이면 틀림없다. 의심치 말고 가라.
10. 왕관이 아니라 단두대가 기다리고 있는 곳으로 가라.

헤븐 조선 26
통일한국을 꿈꾸며

　한국의 모든 청년들이 해외로 진출할 수는 없다. 당연한 이야기이지만 한국 사회, 한국 교회를 섬기는 사람들의 역할이 더욱 중요하다. 한국 사회와 교회가 안정적이어야 해외 선교도 가능하다.
　우리 민족에게 있어서 가장 큰 소원은 통일이다. 남과 북이 갈라진 현재의 상황에서는 많은 제재가 따르고 있다. 과대한 국방 예산의 소모, 군대 의무화로 인한 청년 에너지 소모, 북한에 막혀 육로 무역이 불가능하기에 운송비 소모 등 불필요한 자원이 소모되고 있는 현실이다. 남과 북 서로의 입장 차이가 있기에 언제, 어떤 방식으로 통일이 이루어질지는 쉽게 예상할 수 없다. 그러므로 우리는 지금부터 통일한국을 준비해야 한다.
　한국에 있는 많은 젊은 크리스천들은 통일이 되면 바로 북한으로 가서 통일한국의 재건 사업을 실시해야 한다. 광복절과 같이 아무도 예상하지 못할 때 통일이 찾아올 수 있기에 늘 깨어 있어야 한다. 과거 광복을 이루었을 때 우리 민족이 스스로 자립할 준비가 되지 않았기 때문에 남쪽은 미국, 북쪽은 소련, 중국으로부터 도움을 받아야만 했다. 일제 강점기에 광복에 대한 준비를 철저하게 해두었다면 해방 후 우리 민족은 자립하여 통일 한반도를 이루었을 것이다.

통일도 마찬가지이다. 현재 북한에서는 탈북자가 늘고 있고, 심지어 고위직 탈북자들도 늘고 있다. 핵실험과 미사일 발사가 끊이지 않고 있으며 국제 사회로부터 비난과 제재를 받고 있다. 언제 북한 정권이 붕괴할지 모르는 상황이다.

북한에는 현재 많은 크리스천들이 박해를 받고 있다. 지금도 많은 크리스천들이 지하에서 숨어서 예배를 드리며 통일을 기도하고 있다. 우리는 이들과 함께 북한에 교회를 재건하는 사업을 이루고 더 나아가 세계 선교를 해야 한다. 북한의 크리스천들이야말로 이 시대 이슬람 선교를 위해 준비된 사람들이라고 불리고 있다. 통일한국을 이루었을 때 한국의 선교 영향력은 더욱 확대될 것이다.

대학교 후배의 권유로 2012년도 한국리더십학교에 입학하게 되었다. 한국리더십학교는 통일한국을 준비하는 기독인 지도자를 양성하는 곳이다. 서로 다른 학교와 전공을 가진 학생들이 1년간 그리스도의 이름으로 한자리에 모여 사회 각 분야의 저명한 강사의 강의를 듣고 토론의 시간을 갖는다. 방학 때는 많은 세계 기관을 방문하고 지도자들을 통해 현장 학습도 실시한다. 한 달에 한 번은 탈북인 학생들과 함께 어려운 이웃을 위해 봉사하는 시간을 갖는다.

한국리더십학교를 세우고 15년간 학생들 한 사람, 한 사람을 섬기는 분은 이장로 교장선생님이다. 고려대학교 경영대학 교수로 봉직하면서 기독인 연합회를 세우고 전국 기독인 교수 수련회를 시작하였다. 현재는 한국리더십학교 사역을 확대해가며 통일한국을 준비하고 있다.

한국의 많은 크리스천들이 통일한국을 준비하기를 소망한다. 먼저 우리 곁에 와 있는 탈북민들을 사랑으로 섬기는 일이 필요하다. 물질적으로 지원하기보다는 함께 시간을 보내고 예배를 드리고 식사하는 일부터 시작해 보기를 바란다.

우리가 탈북민들과 함께 지금 한국 사회에서 통일을 이루지 못한다면 남과 북이 통일이 되었을 경우에는 더욱 어려운 상황을 맞을 가능성이 크다. 통일한국에 대한 교육을 통해 동역자들과 함께 통일을 준비하고 늘 깨어 민족을 위해 기도해야 한다.

국가 정보

수도: 평양
언어: 한국어

북한

    인구는 2천 5백만 명으로 세계 50위를 기록하고 있으며, GDP 는 약 400억 달러로 세계 90위로 나타나고 있다. 북한은 중앙집권공화제로 모든 권력이 조선 노동당에 집중되어 있다. 종교는 불교, 유교, 기독교, 천도교를 인정하는 것으로 표현되고 있으나 대체로 대를 이어 통치하고 있는 김일성·김정일·김정은에 대한 개인 숭배를 합리화한다.

    핵무기 보유국이 되려는 무리한 시도, 많은 군사비 지출, 낙후한 농업 기술로 인해 경제가 급속도로 쇠퇴하였고, 많은 원조에 지나치게 의존하고 있다. 식량난으로 1994년 이후 300만 명 이상이 굶주리고 있으며 이를 벗어나기 위해 탈북을 시도하는 이들이 늘어나고 있다. 현재는 공포정치로 인해 고위층 인사들도 탈북을 자행한다.

1. 역사

19세기 중엽 기독교가 한국에 전파된 후 평양이 '동방의 예루살렘'이라고 불릴 정도로 북한 지역에는 기독교가 번창했다. 1945년에는 1,400여 개의 교회와 12만 명에 달하는 교인이 있었고, 평양에만 2만 명에 달하는 기독교인들이 있었다. 그러나 1946년부터 서서히 기독교인에 대한 박해가 시작되었고, 1972년 김일성 교시에 의해서 대부분의 기독교인들이 추방당하고 몰살되었다. 북한 정권은 종교를 '제국주의의 침략 도구'로 간주하고 종교를 미신이라고 선전하며 교회를 파괴하고 종교 그 자체를 말살했다.

2. 현재

북한은 현재 11년 연속 세계에서 기독교 박해가 가장 심한 나라로 손꼽히고 있다. 특히 기독교인들은 체포, 구금, 고문을 당하는 것은 물론 공개 처형의 대상이 되고 있으며, 15호 정치범 수용소에는 6천 명에 달하는 기독교인들이 구금되어 있다고 한다.

그럼에도 불구하고 약 40만 명으로 추산되는 기독교인들이 지하 교회운동을 전개하고 있다. 많은 탈북자들이 중국, 한국에서 기독교를 받아들이고 있으며 그 중 몇몇은 선교사가 되어 북한으로 다시 돌아가는 경우도 있다. 현재 한국과의 공식적인 경제 협력은 중지되어 있고 UN안전보장이사회에서는 북한에 대한 엄격한 제재를 실시하고 있다. 한국, 외국 NGO단체는 원조와 개발 프로젝트를 통해 북한과의 교류를 시행하고 있다.

3. 비전

통일이 언제, 어떤 방식으로 다가올지는 아무도 예상할 수가 없다. 앞으로 북한을 탈출하는 이탈 주민이 더욱 늘 것으로 예상이 되고 한국에 더 많은 북한 이탈 주민들이 거주할 것으로 보인다. 통일이 되었을 경우 이탈 주민들과 함께 북한으로 들어가 교회와 경제를 재건해야 한다.

지금부터 이탈 주민들과 한국에서 하나 되는 작은 통일을 이루어 나가야 한다. 우리가 통일을 이루면 동아시아 긴장 관계가 해소되기에 세계에서 많은 투자가 이루어질 것이고 한반도 경제력은 확대될 것이다. 요충지로서 한반도가 유럽에 이르기까지 철도로 왕래하는 시대가 도래할 것이다.

PART 4 검증

헤븐 조선 27
어려움 가운데 주시는 평안

　해외에서 직장 생활, 신앙생활, 선교를 하는 것이 쉽지만은 않을 것이다. 해외에서의 생활은 이방인이라는 신분상의 어려움, 문화 차이, 음식 차이, 언어 문제, 외로움이 늘 뒤따른다. 창세기에 등장하는 요셉을 살펴보면 쉽게 이해할 수 있을 것이다.

　요셉은 형들에 의해 애굽으로 팔려가 보디발 장군 저택의 하인으로 일을 하기 시작한다. 현대 시대의 용어로 표현하자면 청소관리사 정도로 볼 수 있다. 보디발 장군의 저택을 청소하는 일이다.

　이스라엘 땅에서 아버지의 사랑을 독차지했던 요셉이 먼 외국으로 팔려와 보잘것없는 존재로 취급받으며 자존심 상하는 일이 반복되었을 것이다. 마치 군대 입소 후 훈련병 생활과도 같았을 것이다. 하지만 그는 그곳에서 일을 성실히 수행하여 저택을 관리하는 총무로 쓰임을 받게 된다.

"요셉이 그의 주인에게 은혜를 입어 섬기매 그가 요셉을 가정 총무로 삼고 자기의 소유를 다 그의 손에 위탁하니 그가 요셉에게 자기의 집과 그의 모든 소유물을 주관하게 한 때부터 여호와께서 요셉을 위하여 그 애굽 사람의 집에 복을 내리시므로 여호와의 복이 그의 집과 밭에 있는 모든 소유에 미친지라"(창 39:4-5).

우리가 하나님을 믿고 하나님의 말씀대로 살아간다면 선교지에서도 이처럼 놀라운 역사가 일어날 것이다. 비록 처음에는 작고 보잘것없이 보일지라도 그곳에서 인정받고 하나님께서 함께하시는 사람이라고 회사 사람, 이웃들에게 인정받으면 길은 반드시 열릴 것이다.

요셉은 총무가 되어 저택의 모든 일을 위임받지만 뜻하지 않게 보디발 장군의 아내에게 유혹을 받아 억울한 누명으로 감옥에 가게 된다. 요셉은 인생이 끝날 것 같은 절망에 빠졌으리라고 생각한다. 이처럼 선교지의 생활도 어려움이 늘 찾아온다. 그렇기에 많은 선교사들이 파송 후 평균 2~3년 후에 고국으로 귀국하는 경우가 많다.

하지만 요셉은 감옥에서도 하나님의 인도하심을 느낄 수 있었다. 옥중에서도 인정을 받아 총무의 역할을 맡게 되었다.

"여호와께서 요셉과 함께하시고 그에게 인자를 더하사 간수장에게 은혜를 받게 하시매 간수장이 옥중 죄수를 다 요셉의 손에 맡기므로 그 제반 사무를 요셉이 처리하고"(창 39:21-22).

결정적으로 요셉은 그곳에서 애굽 왕의 술 맡은 자와 떡 굽는 자를 만나게 되어 해몽을 통해 후에 바로의 꿈을 해석하는 일에도 쓰임을 받게 된다. 하나님께서 주신 지혜로 꿈을 정확히 해석하고 훌륭한 해결책까지 제시하여 애굽의 총리로 임명된다.

"바로가 그의 신하들에게 이르되 이와 같이 하나님의 영에 감동된 사람을 우리가 어찌 찾을 수 있으리요 하고 요셉에게 이르되 하나님이 이 모든 것을 네게 보이셨으니 너와 같이 명철하고 지혜 있는 자가 없도다"(창 41:38-39).

선교지에서 반드시 어려움이 동반되지만 이 어려움을 참고 이겨낸다면 요셉에게 내려진 엄청난 축복이 우리에게도 임할 것이다. 마지막까지 자신에게 상처를 입힌 형제들을 대하는 요셉의 목소리를 들어보자.

"당신들은 나를 해하려 하였으나 하나님은 그것을 선으로 바꾸사 오늘과 같이 많은 백성의 생명을 구원하게 하시려 하셨나니"(창 50:20)라고 형제들을 용서하고 많은 백성들을 구원한 요셉은 하나님께서 증거하시는 선교사의 모델이라 할 수 있다.

혜븐 조선 28
허드슨 테일러의 선교

'중국내륙선교회'(China Inland Mission)를 세움으로 '중국 선교의 아버지'라고 불리는 허드슨 테일러는 누구보다 균형 잡힌 선교를 하였다. 먼저 중국이라는 큰 대륙에 복음을 전하기 위해 그는 자신이 할 수 있는 일과 자신이 할 수 없는 일을 잘 구별하였다.

자신이 할 수 있는 일은 먼저 중국 내륙에 복음을 전하는 일이었다. 그 당시 중국에는 선교사들이 항구 중심의 도시에서만 활동하고 있었고 큰 내륙으로는 들어가지 못했다. 허드슨 테일러는 내륙의 선교를 위해 힘썼으며 어려움 가운데에서도 여러 도시에 복음을 전파하며 교회를 세웠다.

그는 자신이 할 수 없는 일을 겸손하게 받아들이며 많은 이들에게 선교의 도움을 요청하였다. 그리하여 많은 청년들이 허드슨 테일러의 초청을 통해 선교에 헌신하기로 작정하였다. 그 숫자만 4천 명 이상이었다고 한다. 많은 선교사들이 파송되어 중국으로 들어가 중국 내륙 지방을 복음화하기 시작하였다. 그 후로부터 86년 후 중국 전역에 복음이 전파되었으며 교회가 건축되었다고 한다.

허드슨 테일러의 삶은 선교사의 삶에 대하여 깨닫게 하는 계기를 마련해 주었다. 첫째로 선교사가 적은 곳, 크리스천이 적은 곳을 선택하는 삶이다. 때로는 치안이 불안정했고 외국인들에게 호의적이지 않았다.

그러나 그는 문제가 발생했을 때 쉽게 고국으로 갈 수 있는 항구 도시를 포기하고 예수님의 말씀에 힘입어 중국 영혼들을 위해 내륙으로 진출한다. 그의 결단을 통해 선교사란 계산하지 않고 하나님 말씀에 순종하는 삶이라는 사실을 알게 되었다. 그때의 모든 책임은 우리 주인이신 하나님께서 지신다. 우리는 믿고 순종할 따름이다.

두 번째로 많은 청년들을 선교사로 초청했던 삶이다. 선교는 혼자서 할 수 있는 것이 아니다. 함께할 동역자가 필요하고 후원자가 필요하다. 허드슨 테일러가 혼자서 선교사로 생활했다면 이처럼 큰 열매를 이루지 못했을 것이다. 그는 늘 젊은 청년들을 선교의 길로 초청하였다.

허드슨 테일러의 매일묵상집 《삶의 유산》에서는 "영국은 마음이 굳어 있어서 복음을 받아들이지 않는데 여기는 그 지식이 없어서 수백 만 명이 죽어가고 있다. 모든 사람이 하나님 안에서 질문을 해봐야 한다. '상황이 이러한데 내가 본국에 머물러 있는 것이 정당한 일인가?' '내가 그 일에 부르심을 받았는가?' 하고 누군가는 질문을 해봐야 한다"라고 하여 많은 사람들에게 도전을 주었다.

한국에서는 이미 많은 이들이 예수 그리스도의 복음을 듣고 믿고 있다. 하지만 해외에는 아직까지 예수 그리스도의 복음을 제대로 듣지 못한 사람이 많이 있다. 그 일에 우리 대한민국의 젊은 청년들이 참여해야만 한다. 고시원에서 2, 3년 공무원 시험, 대기업 취업을 목표로 공부하는 것도 물론 중요하지만 해외에는 지금 이 순간에도 우리의 도움을 필요로 하는 곳이 많다.

한국의 젊은 크리스천이라면 꿈을 가지고 해외 선교의 꿈을 꾸어보기를 바란다. 나도 허드슨 테일러의 심정을 가지고 젊은 크리스천에게 해외 선교의 도전을 심어주고 싶다. 헬조선이 헤븐조선으로 변화되는 날을 꿈꾸며 기대하고 있다.

헤븐 조선 29

인내와 순종의 길

　성경에서 나오는 아브라함은 믿음의 조상인 동시에 선교사의 조상이다. 그는 75세의 나이에 고향과 친척과 아버지의 집을 떠나 하나님께서 보여주시는 땅으로 향한다. 어디로 가야 할지 어떻게 가야 할지 알지 못한 채 하나님 말씀만을 믿고 순종한 것이다.
　하나님 말씀인 약속을 받고 떠났지만 아브라함에게 좋은 일만 있었던 것은 아니다. 선교지로 향하는 길에 기근이 기다리고 있었고 아내를 빼앗기는 아픔을 겪기도 하였으며 친척인 롯과 갈라서는 일까지 생겼다. 무엇보다 아브라함으로 인해 큰 민족을 이루게 하시겠다는 하나님께서는 그에게 오랫동안 아이를 허락하시지 않았다. 너무나 힘든 고통의 시간이었다.
　대부분의 사람들은 이 즈음에 선교를 포기하고 고국으로 돌아간다. 자신에게 선교는 하나님의 뜻이 아니라고 생각하거나 너무 힘들어 슬픔에 싸여 귀국한다. 하지만 아브라함은 선교지에서의 여정을 끝까지 포기하지 않았다. 하나님의 말씀을 굳게 신뢰했다.

"여호와의 말씀이 그에게 임하여 이르시되 그 사람이 네 상속자가 아니라 네 몸에서 날 자가 네 상속자가 되리라 하시고 그를 이끌고 밖으로 나가 이르시되 하늘을 우러러 뭇별을 셀 수 있나 보라 또 그에게 이르시되 네 자손이 이와 같으리라 아브람이 여호와를 믿으니 여호와께서 이를 그의 의로 여기시고"(창 15:4-6).

때로는 믿음이 약해져 여종 하갈과 동침하여 이스마엘을 낳는 실수를 범하기도 하였다. 하지만 그는 포기하지 않고 하나님을 신뢰하였고, 마침내 아내 사라를 통해 아들 이삭을 낳게 된다. 아브라함은 너무나 소중한 아들 이삭을 제물로 바치라는 하나님의 말씀까지도 순종하게 된다. 아브라함은 참된 선교사가 되었다.

"여호와께서 이르시되 네 아들 네 사랑하는 독자 이삭을 데리고 모리아 땅으로 가서 내가 네게 일러 준 한 산 거기서 그를 번제로 드리라 아브라함이 아침에 일찍이 일어나 나귀에 안장을 지우고 두 종과 그의 아들 이삭을 데리고 번제에 쓸 나무를 쪼개어 가지고 떠나 하나님이 자기에게 일러 주신 곳으로 가더니"(창 22:2-3).

이삭과 같이 하나님께서 극적으로 목숨을 구해주실 때도 있지만 때로는 선교지에서 목숨을 잃거나 사랑하는 가족이 병으로 눈을 감는 안타까운 소식이 들리기도 한다. 선교사란 누구인가? 바로 '하나님의 종'이다. 하나님의 명령에 순종하며 그분께서 주시는 힘으로 살아가는 사람이다. 종은 주인이 책임을 진다. 하나님은 우리를 끝까지 책임지시는 분이다.

"하나님이 그에게 일러 주신 곳에 이른지라 이에 아브라함이 그곳에 제단을 쌓고 나무를 벌여 놓고 그의 아들 이삭을 결박하여 제단 나무 위에 놓고 손을 내밀어 칼을 잡고 그 아들을 잡으려 하니 여호와의 사자가 하늘에서부터 그를 불러 이르시되 아브라함아 아브라함아 하시는지라 아브라함이 이르되 내가 여기 있나이다 하매 사자가 이르시되 그 아이에게 네 손을 대지 말라 그에게 아무 일도 하지 말라 네가 네 아들 네 독자까지도 내게 아끼지 아니하였으니 내가 이제야 네가 하나님을 경외하는 줄을 아노라"(창 22:9-12).

선교사로 헌신하여 선교지로 향하는 결단도 중요하지만 선교지에서 하나님께 인정받는 삶이 더욱 중요하다. 첫 마음을 잃지 않고 끝까지 겸손으로 섬기는 이 시대의 아브라함과 같은 선교사가 필요하다.

헤븐 조선 30

순교의 선교

"예수께서 제자들에게 이르시되 누구든지 나를 따라오려거든 자기를 부인하고 자기 십자가를 지고 나를 따를 것이니라"(마 16:24).

선교라는 길은 자기를 부인하고 십자가를 지고 예수님을 따르는 삶이다. 짐 엘리엇 선교사는 네 명의 젊은이들과 함께 에콰도르 정글 속 쿠라라이 강에서 아우카족에게 선교를 한다. 그러나 도착한 지 이틀 만에 아우카족에게 비극적인 죽임을 당한다. 그의 나이 28세였다.

많은 사람들이 하나님의 뜻을 이해할 수 없다고 불평하며 이 사건을 '비극의 악몽'이라고 불렀다. 당시 〈Life〉지에서는 이 사건을 보도하며 "이 얼마나 불필요한 낭비인가?"라고 하였고, 모두가 아우카족 선교는 끝난 것이라고 생각했다.

　그가 순교한 후 2년 뒤 그의 아내 엘리자베스 엘리엇 여사는 남편의 뒤를 따라 아우카족을 찾아간다. 여자에게는 관대했던 그들은 엘리자베스 여사를 통해 예수님을 영접하게 되었고, 그 가운데 목회자로 헌신한 사람도 있었다. 그 이후 고국으로 돌아온 엘리자베스 여사는 짐 엘리엇 선교사를 많은 이들에게 소개해 주었다.

　"영원한 것을 얻고자 영원할 수 없는 것을 버리는 자는 바보가 아니다."

　"하나님, 마른 막대기 같은 제 삶에 불을 붙이사 주님을 위해 온전히 소멸하게 하소서. 나의 하나님, 제 삶은 주의 것이오니 다 태워주소서. 저는 오래 사는 것을 원치 않습니다. 다만 주 예수님처럼 꽉 찬 삶을 원합니다."

　짐 엘리엇 선교사와 엘리자베스 선교사는 우리에게 큰 교훈과 감동을 선사한다. 결코 그의 죽음은 헛되지 않았고, 그의 순교는 그 어떤 삶보다 가치 있었다.

　우리나라에 성경을 가지고 처음으로 입국한 선교사는 영국에서 온 토머스 선교사이다. 토머스 선교사가 타고 있던 제너럴셔먼호가 대동강 근변에 다다랐을 때 쇄국정책을 펴고 있는 조선 병사들과 무력 충돌이 발생하였다. 결국 제너럴셔먼호는 대동강 모래톱에 걸려 꼼짝할 수 없었고 조선 병사들은 작은 배에 장작을 신고 불을 질러 제너럴셔먼호를 전소시켜 버렸다.

그 중 강가로 뛰어든 토머스 선교사는 그 자리에서 생포되어 대동강변에서 목이 베여 죽었다. 조선에 제대로 발도 딛지 못한 채 순교하고 말았다. 그의 나이 27세였다. 하지만 그는 죽기 직전 자신을 죽이려는 박춘권이라는 사람에게 한문으로 쓰인 성경을 전하고 그 자리에서 순교하였다. 후에 박춘권은 예수님을 믿고 교회 장로가 되었다.

또 그 성경 종이로 자신의 집 벽 도배를 한 박영식은 복음을 통해 예수님을 영접하게 되었고 그 집은 널다리교회의 예배 처소가 되었다. 토머스 선교사의 순교 후 대동강 주변에는 많은 교회들이 세워졌고 1900년도 초 평양에는 대부흥이 찾아와 '동방의 예루살렘'이라 불리게 되었다.

많은 이들은 젊은 나이에 허망하게 순교한 이들을 어리석다고 말하지만 그들의 순교의 피로 선교지의 땅은 변화되었고, 예수님이 널리 전파되는 복음의 역사가 시작되었다. 우리가 자신을 부인하고 날마다 자신의 십자가를 지고 예수님을 따라간다면 선교지는 놀랍게 변화할 것이다.

지금 선교지에 열매가 없다고 쉽게 판단해서는 안 되며 쉽게 단정해서도 안 된다. 우리의 역할은 물을 주는 것이다. 때에 맞추어 자라게 하시고 열매를 맺게 하시는 분은 하나님이시다.

국가 정보

수도: 브라질리아
언어: 포르투갈어

브라질

인구는 약 2억 2백만 명으로 세계 5위를 기록하고 있으며, GDP는 17,696억$로 세계 9위를 나타내고 있다. 대통령을 원수로 하는 연방 공화제로 22개 주와 4개 연방 직할시, 연방 특구인 수도 브라질리아로 이루어져 있다. 북부에는 세계 최대의 수량인 6,300km의 아마존 강이 흐르며 강 유역에는 전 국토의 45%에 해당하는 광대한 저지대가 펼쳐져 있다. 엄청난 천연자원과 거대한 노동력이 결합하여 농업 분야에서 경제 초강대국으로 성장하고 있다. 인구의 73.6%가 로마가톨릭교 신자이며 15.4%가 개신교 신자이다.

1. 역사

1554년 1월 25일 예수회 선교사들은 인디오들의 개종을 위한 활동을 시작하고 첫 미사를 드렸다. 선교사들은 제일 먼저 학교를 건립하고 인디오를 대상으로 선교와 교육에 힘쓰며 새로운 지역에 대한 소문을 듣고 도착하는 백인들과 마음을 넓히며 세력을 늘려갔다. 브라질은 세계에서 로마가톨릭 신자가 가장 많은 나라이기도 하지만 인디언 및 아프리카인은 원래 갖고 있던 숭배 형식이나 전통신앙을 전혀 버리지 않고 있다. 개신교는 1960년도부터 꾸준히 성장하면서 2010년에는 5,130만 명까지 늘어나게 되었다.

2. 현재

최근 브라질에서 교회가 가파른 성장세를 보이고 있다. 1970년대에 전체 인구 90%를 차지하던 가톨릭 인구가 현재 60%로 줄어든 반면, 기독교인은 전체 25%인 5,000만 명으로 성장했다. 브라질 기독교인 중 4,400만 명은 오순절 계통에 속한다. 이는 지나치게 엄숙하고 정적인 분위기를 추구하는 가톨릭에 흥미를 잃은 젊은이들이 기독교로 몰려들고 있기 때문이다.

한국의 교민들은 1962년에 정식으로 이민 절차를 밟은 이민자들이 브라질에 정착하였는데 2015년 조사 결과 한국 교민은 약 5만여 명에 달하게 되었다(외교부에서 발행된 재외동포 현황에서 브라질 해외 동포수는 50,418명으로 집계되었다). 현재 양국 간 경제 교류가 활발해져 30여 개의 우리나라 기업들이 진출하였고 전자 제품과 기계류, 자동차 등을 수출하고 있다.

3. 비전

브라질 선교 운동은 한 세대 만에 급격히 성장하여 2010년에는 2,000명 가까이 선교사가 파송되었다. 앞으로도 기독교의 성장으로 브라질은 세계적인 선교 국가가 될 것이다. 브라질인의 신앙과 열정, 적응력, 축구, 음악, 춤 등의 재능으로 닫힌 사람들의 마음 문을 열고 있다.

라틴아메리카의 최대국가로서, 라틴아메리카의 관문으로서 한국과의 교류도 더욱 확장될 것이다. 아마존의 대자연은 지구 환경 보전을 위해 세계적으로 연구 대상이 될 것이며, 이로 인해 많은 연구소가 설립될 것이다. 학자들과 함께 많은 선교사들이 미전도 공동체와 접촉하며 더욱 복음이 전파될 것이다.

헤븐 조선 31
선교사 모세

    성경에 많은 사람들을 구원으로 인도한 지도자가 있다면 구약에서는 모세, 신약에서는 바울이라 할 수 있다. 그들은 대부분 한 곳에서 머물기보다 이곳저곳을 이동하며 지내는 삶을 살았다. 바로 선교사의 삶이었던 것이다.

    이 장에서는 모세의 삶을 함께 돌아보기를 원한다. 모세는 하나님의 말씀에 따라 애굽으로 들어가 바로에게 이스라엘 백성이 제사를 드려야 하니 함께 밖으로 내보내달라고 요청한다. 본인은 불가능할 것이라고 예상했지만 하나님의 말씀에 순종함으로 나아갔다. 하지만 바로는 마음이 강퍅하여 모세의 제안을 단호히 거절한다.

"바로가 이르되 여호와가 누구이기에 내가 그의 목소리를 듣고 이스라엘을 보내겠느냐 나는 여호와를 알지 못하니 이스라엘을 보내지 아니하리라"(출 5:2).

우리도 하나님의 말씀에 순종하여 선교지에 들어간다. 쉽지 않을 것을 예상하지만 하나님의 뜻이기에 순종한다. 선교지에 들어가면 쉽게 복음을 받아들이지 않고 마음의 문을 닫는 사람들도 많다. 때로는 우리를 핍박하는 사람들도 만날 것이다. 하지만 끝까지 하나님을 신뢰하고 나아간다면 하나님께서 반드시 놀랍게 역사하실 것이다.

"여호와께서 모세에게 이르시되 이제 내가 바로에게 하는 일을 네가 보리라 강한 손으로 말미암아 바로가 그들을 보내리라 강한 손으로 말미암아 바로가 그들을 그의 땅에서 쫓아내리라"(출 6:1).

그 후 애굽에서는 열 가지 재앙을 통해 바로와 백성들은 여호와가 유일한 하나님이심을 알게 되고 이스라엘 백성들을 풀어 준다. 여기서부터 모세의 새로운 선교 여정이 시작된 것이다. 선교지에서 강퍅한 마음을 가진 사람들이 돌이켜 예수님을 영접하는 것으로 끝이 나는 것이 아니다. 그것은 오히려 새로운 시작이다.

함께 하나님 안에서 한 공동체를 만들기 위해서는 예전의 습관들을 버려야 하고 믿음의 시험들을 통과해야 하며 많은 방해와 적들과 싸워 승리해야 한다. 이 과정 가운데 선교사 모세는 안과 밖에서 감당하기 어려운 시험들을 만났다.

홍해 앞, 모두가 애굽 군대에게 포위당할 때 믿음의 기도를 통해 바다를 걸어서 건널 수 있었고 물이 없을 때, 식량이 없을 때 하나님께서 친히 먹이고 마시게 해주셨다. 거인들과의 전투에서도 하나님께서는 승리를 안겨 주셨다. 너무 힘들어 포기하고 싶을 때도 있었지만 그는 한 걸음 한 걸음 기도를 통해 힘을 얻고 전진하기 시작했다.

그리고 마침내 가나안 땅 앞까지 이스라엘 백성들을 인도하였고 훌륭한 후계자 여호수아에게 모든 것을 전수해 주었다. 모세는 어디에서나 하나님께서 살아 계시는 분이심을 많은 이들에게 깨닫게 해 준 참 선교사였다.

"그 후에는 이스라엘에 모세와 같은 선지자가 일어나지 못하였나니 모세는 여호와께서 대면하여 아시던 자요 여호와께서 그를 애굽 땅에 보내사 바로와 그의 모든 신하와 그의 온 땅에 모든 이적과 기사와 모든 큰 권능과 위엄을 행하게 하시매 온 이스라엘의 목전에서 그것을 행한 자이더라"(신 34:10-12).

선교사는 모세처럼 현지인들이 신앙적으로 자립할 수 있도록 도와준 후 물러나야만 한다. 현지인 리더십에게 모든 것을 이양함으로 공동체가 더욱 견고해질 수 있기 때문이다.

헤븐 조선 32
선교의 재료

    음식을 만들 때 가장 중요한 것은 재료이다. 요리사가 같아도 재료에 따라 맛에는 차이가 난다. 좋은 재료를 사용하면 더욱 훌륭한 요리가 만들어질 것이고 질이 낮은 재료를 사용하면 맛이 낮아지기 마련이다. 좋은 재료를 사용한 요리는 가격이 높아지고 질 낮은 재료를 사용하면 저렴해진다.

    하나님께서는 선교를 이루어 가실 때 여러 재료를 사용하신다. 요리사 하나님께서는 좋은 재료를 사용하셔서 좋은 선교를 이루어 가신다. 선교에 가장 좋은 재료는 순교자의 피다. 예수님 자신은 우리의 죄를 담당하시기 위해 직접 제단의 제물이 되셔서 피를 흘리셨다.

    또 사도들도 순교를 함으로 그리스도의 교회를 이루어갔다. 놀랍게도 순교를 당함으로 교회가 성장하고 크신 하나님의 역사가 이루어졌다. 사도 이후에도 수많은 주님의 제자들, 선교사들이 순교의 길을 걸어갔다. 대한민국, 일본 등 많은 나라에서 그리스도인들이 박해를 받았고 순교의 피로 굳건히 교회가 세워져 갔다.

내가 거주하고 있는 나가사키에서도 26성인을 비롯한 많은 그리스도인들이 순교를 하였다. 그렇기에 다른 도시에 비해 많은 교회가 세워져 있고 많은 그리스도인들이 있다. 매년 많은 사람들이 이 도시에 성지 순례를 오고 있다. 순교는 그 어떤 선교의 재료보다 강력하며 그 환경을 변화시키는 놀라운 축복이 있다.

선교의 또 다른 재료는 기도다. 우리나라 사람들이 가장 잘 하는 것이 있다면 바로 기도를 심는 것이다. 예수전도단의 창립자 로렌 커닝햄 목사는 새로운 캠퍼스를 개척할 때면 한국인 스태프들을 자주 보낸다고 한다. 한국인 스태프들의 기도에 그 땅의 영적 분위기를 바꾸는 힘이 있기 때문이다. 밤낮 부르짖는 기도는 한국인들의 전공이자 특기다. 기도를 심으면서 선교지를 변화시킬 수 있다.

성경을 보면 한 사람이 예수님께 찾아와 호소하였다. 아들이 귀신이 들렸는데 제자들이 능히 내쫓지 못했기 때문이다. 예수님은 그 더러운 귀신을 꾸짖어 내쫓으셨다. 그리고 아이를 일으키셨다. 제자들은 어찌하여 능히 그 귀신을 쫓아내지 못하였는지 예수님께 여쭈어본다. 예수님께서는 그때 이렇게 말씀하셨다. "기도 외에 다른 것으로는 이런 종류가 나갈 수 없느니라"(막 9:29).

　기도는 영적인 방해 요소들을 제거하는 선교의 재료이다. 날마다 기도를 심으면 선교지를 변화시키고 영적인 승리를 가져올 수 있다. 매일매일 무릎을 꿇고 기도하는 선교사에게는 능치 못할 일이 없을 것이다.

　선교의 재료 가운데 또 하나는 눈물이다. 영혼들을 위한 뜨거운 눈물, 간절함의 눈물이 있다. 사람들을 그리스도에게 인도하고 싶은데 생각대로 잘 이루어지지 않을 때가 많다. 그럴 때마다 자신이 할 수 없음을 주님께 고백하며 눈물로 기도하는 것이다. 사람의 마음을 움직여 주시는 분은 하나님 한 분밖에 없다.

　선교지에는 외로움의 눈물, 서러움의 눈물이 있다. 문화와 언어가 다름으로 뜻하지 않은 오해가 생겨 관계의 어려움을 겪기도 하고 이방인의 신분으로 살아가기에 쉽게 공동체 가운데 받아들여지지 못할 때도 있다. 고국에 있는 가족들의 대소사에 참여할 수 없으며 친구들과도 떨어져 지내야 하는 어려움이 있다.

　하지만 하나님께서는 선교사의 눈물을 결코 외면하지 않으신다. 그 흐르는 눈물을 기억하시고 반드시 축복으로 바꾸어 주신다.

　내 주위에는 선교사들의 자녀들이 많이 있었다. 하나님께서 그들을 손수 입히시고 먹이시는 체험들을 많이 목격할 수 있었다.

모두가 선교사들의 눈물의 기도 덕분이었다. 선교사들은 경제적으로 여유가 없어 아이들에게 좋은 수준의 교육을 제공해 주지 못하지만, 모든 주권을 가지고 계신 하나님께서 친히 역사하시는 모습들을 보게 되었다.

    선교의 재료는 그 외에도 다양하다. 선교사들의 헌신과 노력이 조미료가 되어 아름다운 맛을 더하게 된다. 하나님은 이 모든 재료를 사용하셔서 선교를 이루어 가신다. 우리나라에 선교사로 오신 언더우드의 기도문을 함께 드리기 원한다.

보이지 않는 조선의 마음

언더우드 선교사

주여! 지금은 아무것도 보이지 않습니다
주님! 메마르고 가난한 이곳 조선 땅
나무 한 그루 시원하게 자라 오르지 못하고 있는
이 땅에 저희들을 옮겨와 심으셨습니다

그 넓고 넓은 태평양을 어떻게 건너왔는지
그 사실 자체가 기적입니다
지금은 아무것도 보이지 않습니다

보이는 것은 그저 고집스럽게 얼룩진 어둠뿐……
어둠과 가난과 인습에 묶여 있는 조선 사람뿐입니다

그들은 왜 묶여 있는지도
고통이라는 것도 모르고 있습니다
고통을 고통인 줄 모르는 자에게
고통을 벗겨 주겠다고 하면 의심부터 하고 화를 냅니다

조선 남자들의 속셈이 보이지 않습니다
이 나라 조정의 내심도 보이지 않습니다
가마를 타고 다니는 여자들을
영영 볼 기회가 없으면 어쩌나 합니다
조선의 마음이 전혀 보이지 않습니다

그리고 저희가 해야 할 일이 전혀 보이지 않습니다

그러나 주님! 순종하겠습니다
겸손하게 순종할 때 주께서 일을 시작하시고
그 하시는 일을
우리들의 영적인 눈으로 볼 수 있는 날이 있을 줄 믿나이다

"믿음은 바라는 것들의 실상이요
보지 못하는 것들의 증거니"라고 하신 말씀을 따라
조선의 믿음의 앞날을 볼 수 있게 될 것을 분명 믿습니다

지금은 우리가 황무지 위에
맨손으로 서 있는 것 같사오나
지금은 우리가 서양귀신, 양귀신이라고
손가락질 받고 있사오나
자녀들이 우리 영혼과 하나인 것을 깨닫고
하늘나라의 한 백성 한 자녀임을 알고
눈물로 기뻐할 날이 있음을 믿나이다

지금은 예배드릴 예배당도 없고 학교도 없고
그저 이곳 모든 사람들로부터
경계의 의심과 멸시와 천대함이 가득한 곳이지만
이곳이 머지않아 은총의 땅이 되리라는 것을 믿습니다

주여! 오직 제 믿음을 붙잡아 주소서! - 아멘

헤븐 조선 33
돌파하는 믿음

　이스라엘은 주전 605년경 여호야김이 다스린 지 3년이 되던 해 바벨론으로부터 1차 침공을 받게 된다. 바벨론의 느부갓네살 왕은 이스라엘 왕족과 귀족 중에 뛰어난 자들을 선발하여 바벨론으로 데리고 간다. 그 가운데 다니엘과 하나냐와 미사엘과 아사랴가 있었다. 이들은 포로이지만 노예가 아니라 유학생에 가까운 신분이었다.

　삼 년간 갈대아 사람의 학문과 언어를 배우고 앞으로 왕 앞에 서게 될 사람들이었다. 이들에게는 왕의 음식과 포도주를 받는 특권까지 주어졌다. 이때 다니엘은 뜻을 정하여 자신의 신앙을 지키기로 결심하였다. 그리고 담대히 환관장에게 나아가 채식과 물만으로 살아가겠노라고 말하며 동의를 구한다. 그 결과 이들은 다른 이들보다 더욱 아름답고 살이 윤택해졌다. 하나님께서는 이 네 소년에게 학문을 주시고 모든 서적을 깨닫게 하시고 지혜를 주셨다.

"하나님이 이 네 소년에게 학문을 주시고 모든 서적을 깨닫게 하시고 지혜를 주셨으니 다니엘은 또 모든 환상과 꿈을 깨달아 알더라" (단 1:17).

다니엘은 하나님께서 주신 지혜로 느부갓네살 왕의 꿈을 알게 되었고, 두 차례에 걸쳐 그 해석과 해결책까지 제시하였다. 다니엘을 통해 느부갓네살 왕은 하나님을 알게 되었고 하나님을 찬양하게 되었다. 다니엘은 자신의 일을 충성스럽게 수행하며 주변 환경을 변화시켰고, 그로 인해 하나님을 많은 사람들에게 증거하였다. 느부갓네살 왕의 아들인 벨사살 왕이 베푸는 잔치에서 갑자기 나타난 손가락의 의미와 글자도 해석하여 국가 서열 3위의 총리에까지 오르게 된다.

"지금 나 느부갓네살은 하늘의 왕을 찬양하며 칭송하며 경배하노니 그의 일이 다 진실하고 그의 행하심이 의로우시므로 교만하게 행하는 자를 그가 능히 낮추심이라"(단 4:37).

강대국을 자처하던 바벨론은 기원전 539년에 바사 제국의 고레스에게 멸망당하고 만다. 통치자와 통치 국가가 바뀌었지만 다니엘은 총리로서 계속 국가의 일을 맡게 되었고 왕을 보좌하게 되었다. 그렇지만 다니엘은 많은 총독들에게 시기의 대상이 되었고, 총독들은 다니엘을 끌어내리기 위해 흠을 찾기 시작했다.

하지만 다니엘의 흠은 찾을 수 없었고 오히려 다니엘의 깨끗하고 충성스러운 성품만이 더욱 드러나게 되었다. 총독들은 다니엘이 매일 행하는 하나님의 율법에 관한 부분을 문제 삼기로 했다. 30일간 고레스 왕 이외의 신에게 기도하는 것을 금지시킨 것이다.

다니엘은 이 사실을 알고도 하루에 세 번 창문을 열고 예루살렘을 향하여 기도를 드렸다. 타협하지 않고 하나님께 기도를 드리는 다니엘은 믿음의 사람이었다. 결국 이 일로 다니엘은 국가의 법을 위반한 죄로 사자 굴속에 갇히게 된다. 모두가 다니엘의 죽음을 예상했지만 다니엘의 몸에는 아무런 상처도 없었다. 이 위기 가운데 오히려 하나님께서 참되신 분임을 온 나라에 증거하게 되었다.

"내가 이제 조서를 내리노라 내 나라 관할 아래에 있는 사람들은 다 다니엘의 하나님 앞에서 떨며 두려워할지니 그는 살아 계시는 하나님이시요 영원히 변하지 않으실 이시며 그의 나라는 멸망하지 아니할 것이요 그의 권세는 무궁할 것이며 그는 구원도 하시며 건져내기도 하시며 하늘에서든지 땅에서든지 이적과 기사를 행하시는 이로서 다니엘을 구원하여 사자의 입에서 벗어나게 하셨음이라 하였더라"(단 6:26-27).

다니엘은 매순간 하나님 말씀에 순종한 선교사였다. 이스라엘을 떠나 문화가 다른 바벨론에서도 율법을 지키며 하나님을 경외하였다. 자신에게 위기가 닥쳐올 때에도 결코 불의에 타협하지 않고, 하나님 말씀을 따라 과감하게 위기를 돌파하였다. 그 결과 왕을 비롯한 많은 사람들이 하나님을 알게 되었고 찬양하게 되었다.

우리는 선교지에서 '문화의 차이'라는 이유로 신앙의 중요한 부분까지 타협하는 실수를 범하게 된다. 당장의 유익은 얻을 수 있지만 그 결과 신앙의 힘을 잃어버릴 때가 많다. '구약의 계시록'으로 불리는 다니엘서가 쓰일 수 있었던 것은 다니엘의 기도와 변치 않는 믿음이 있었기 때문에 가능했다. 우리도 선교지에서 충성스럽게 일하며 기도를 드리고 하나님의 말씀을 가지고 어려움을 돌파해 나가야만 한다.

헤븐 조선 34
조화로운 선교

　예수님께서는 3년 동안의 선교활동을 통해 우리에게 선교사의 삶을 직접 보여주셨다. 우리가 기대했던 메시아의 모습과는 다르게 낮고 낮은 곳에서 태어나시고 낮은 모습으로 활동하셨다. 최후에는 제자에게 배반을 당하시고 제사장들과 유대인들에게 모욕을 받으시며 십자가에 못 박혀 돌아가셨다.
　그 당시 사람들은 예수님의 선교활동이 실패하였다고 단정했지만 2000년이 지난 지금은 다르다. 예수님은 가장 훌륭한 선교자이시며 우리의 메시아이시다. 예수님의 조화로운 선교의 모습을 함께 보고자 한다.

1. 낮은 자들과 함께하는 선교사의 삶을 보여주셨다.

예수님은 '죄인들의 친구', '아픈 사람들의 친구'로서 소외된 자들과 함께 시간을 보내셨다. 이 부분은 우리가 소중하게 묵상해야 할 부분이다. 요새 한국 교회는 성공이라는 의식이 교회에도 깊숙하게 들어와 모두가 세상의 성공을 바라고 성공한 사람들과 함께하려고 한다.

심지어 교회를 선택할 때도 크고 화려한 교회, 성공한 교회를 찾아가려고 한다. 대형 교회가 좋지 않다는 뜻이 아니라 우리의 선택 기준을 유심히 잘 살펴보아야만 한다는 것이다. 해외로 나갈 때도 미국과 같은 선진국을 가려고 하고 미국 안에서도 학군이 좋은 곳으로 가려고 한다.

예수님과 같이 아픈 사람들, 소외된 사람들을 찾아가 보면 어떨까? 그들과 함께 복음을 나누고 함께 기도하고 찬양하며 소중한 공동체를 이루어 나가는 것이야말로 진정한 선교라고 생각한다. 선교지를 선택할 때도 한인들이 많은 큰 도시보다는 진정으로 복음이 필요한 곳을 선택해야 한다.

2. 예수님과 같이 행하고 가르치는 선교가 중요하다.

사도행전 1장 1절 말씀에서 누가는 데오빌로에게 편지로 사도들의 언행을 전할 때 "예수께서 행하시며 가르치시기를"이라는 표현으로 시작한다. 예수님께서 먼저 몸소 행하셨고 그 다음에 가르치신 사실을 강조하고 있다. 현재 우리의 모습을 가만히 바라보면, 먼저 가르치는 것을 행하는 경향이 강하다.

설교자들은 때때로 본인이 실행하기도 전에 설교로 먼저 가르치고 있다. 이 부분 때문에 한국 교회들은 사회에서 지탄을 받고 있다. 이성문제, 금전문제 등 자신도 깨끗하지 못하면서 예수님의 가르침이라며 설교로만 가르치고 있는 현실이다.

아이들의 교육도 이 원리를 적용할 수 있다. 부모들이 말로만 가르친다면 아이들은 따르지 않고 변화하지도 않게 된다. 교육학자들은 먼저 부모가 솔선수범하여 행하라고 당부한다. 그 모습을 통해 자연스럽게 아이들이 배워 행한다는 것이다.

선교지에서도 이와 동일하다. 현지 언어가 부족하기에 선교사는 행함으로 예수님을 증명해야 한다. 행동을 통해 먼저 본을 보이고 그 다음 말씀으로 가르치는 선교가 되어야 한다.

3. 예수님처럼 하나님께 순종하는 과정을 소중히 여기는 선교사가 되어야 한다.

선교사들이 가장 어려워하는 부분은 선교보고서를 작성할 때라고 한다. 선교보고서에 교인들이 많이 늘었고 교회가 다수 개척이 되었고 훌륭한 간증거리가 적혀 있어야만 파송 교회에서 크게 기뻐한다고 한다.

하지만 선교지에 여건상 이와 같은 결과가 나오지 않았을 수도 있다. 예수님도 사역의 결과만 언뜻 본다면 좋은 평가를 받을 수 없을 것이다. 많은 제자들이 예수님을 떠났고 심지어는 제자 중 한 명이 예수님을 배반하였다. 성도가 12명도 되지 않는 교회와도 같았다. 심지어 십자가에 못 박혀 돌아가시고 제자들은 흩어지고 말았다.

예수님은 매순간 하나님 말씀에 순종하셨다. 하나님께서는 이와 같은 순종의 모습에 아들을 기뻐하셨다. 우리가 선교지에서 더욱 소중하게 여겨야 할 부분은 결과가 아닌 과정이다. 날마다 순종하며 살아가는 삶이야말로 조화로운 선교의 모습일 것이다.

4. 예수님처럼 자신의 십자가를 지고 가는 선교사가 되어야 한다.

너무나 버겁고 무겁기에 많은 이들이 십자가를 지는 선교를 꺼려한다. 예수님의 이름으로 훌륭한 사람이 되어 대접받고 큰 사람이 되려 하지만, 예수님 때문에 낮아져서 낮은 자를 섬기는 삶을 살기는 어려워한다.

심지어 십자가를 내려놓고 선교지를 포기하는 경우도 발생한다. 너무 힘들어 포기하고 싶을 순간이 오더라도 십자가를 놓지 않기를 바란다. 그때에 비로소 예수님의 십자가를 함께 운반한 구레네 시몬과 같은 동역자를 허락해 주신다.

예수님도 구레네 시몬의 도움을 받아 십자가를 메고 골고다 언덕까지 올라가실 수 있었다. 선교지에서는 동역자를 통해 십자가를 지고 올라갈 수 있는 힘이 생긴다. 선교사의 무덤이라는 패배의식은 버리고, 능치 못함이 없는 하나님을 신뢰하며 한 걸음 한 걸음 걸어 나가자.

예수님께서 자신은 머리 둘 곳조차 없는 존재라고 말씀하시면서 이 땅에서 선교사의 삶을 보이셨다. 완전한 선교사의 본은 바로 예수님이시다. 우리는 그의 제자이기에 예수님과 같은 삶을 살아가야 한다. 예수님과 같은 조화로운 선교사가 되기를 오늘도 소망한다.

국가 정보

수도: 앙카라
언어: 터키어

터키

인구는 약 8,160만 명으로 세계 16위를 기록하고 있으며, GDP는 7,357억$로 세계 18위를 나타내고 있다. 지리상으로 터키의 면적 97%가 아시아 대륙의 서부에 위치하고 있고, 유럽 대륙의 동남부에 3%가 걸쳐 있는 교통의 요충지이다. 정부 형태는 대통령제를 가미한 의원내각제이지만 군부가 상당한 영향력을 행사한다. 헌법상 정치와 종교는 분리된다. 전 국민의 98%가 이슬람교도이고 수니파가 다수이다. 그밖에 개신교, 천주교, 유대교 등이 있다. EU 가입을 앞두고 EU가 요구하는 개혁과 그에 대한 터키의 비타협적인 태도로 마찰이 발생하고 있다.

1. 역사

터키는 사도 바울이 태어난 곳 길리기아 지방 다소가 있는 국가로 아나톨리아 반도 혹은 소아시아로도 불렸다. 터키는 소아시아 일곱 교회 에베소, 서머나, 버가모, 두아디라, 사데, 빌라델비아, 라오디게아가 있었으며, 사도 바울의 전도여행 1차, 2차, 3차의 주 활동지가 되었던 곳이다.

1453년 콘스탄티누스 11세 때, 오스만 튀르크 제국의 술탄 마흐메드 2세에 의하여 콘스탄티노플이 점령당한 후 이슬람화되었다. 오스만 제국은 수세기 동안 전체 이슬람 성지의 수호국이자, 주요 창시국이었다.

2. 현재

터키 내 개신교인은 약 6,000여 명으로, 전체 인구의 0.0075%이며, 교회는 140여 개가 있다. 파송 선교사는 전체 약 2,000여 명이 있으며 그 중 한인 선교사는 약 500여 명이다. 오랫동안 이슬람교와 연합하고 유럽 기독교 국가들과의 치열한 전쟁으로 터키에서 기독교로의 개종은 반역으로 여겨지고 있다. 개종에 따른 핍박과 살해가 이루어지고 있다.

복음의 불모지이지만 기독교가 느리게 꾸준히 성장하고 있다. 2016년 7월 15일에는 쿠데타 시도가 있었으나 발생 6시간 만에 실패로 막을 내렸다. 사회의 불안감이 크게 존재하나 한국과는 2013년 5월 1일부터 발효된 한국과 터키 간의 FTA로 인해 활발한 무역을 지속하고 있다.

3. 비전

터키는 역사적으로 우리나라와 인연이 많아 '형제의 나라'라고도 부른다. 한국과는 예로부터 좋은 감정을 가지고 있고 현재 한국의 기업 약 30개 회사가 터키에 진출해 있다. 터키는 유럽·아시아·중동 및 아프리카를 연결하는 지정학적 요충지라는 점에서 향후 교역·투자 확대와 함께 이웃 국가 진출의 교두보 역할을 할 것으로 예상된다.

터키에서 기독교 사역자가 되는 것은 보람된 일이지만 쉬운 일은 아니기에 많은 비즈니스 선교사가 필요하다. 그리스도인들이 봉사와 사랑의 삶을 통해 기독교에 대한 오랜 장벽을 극복하는 일이 중요하다. 선교적인 측면에서도 향후 터키의 복음화가 이라크, 시리아, 이란 등 이웃 국가들에게 있어서 복음의 통로로 큰 영향을 미칠 수 있다.

에필로그

    일본에 와서 비즈니스 선교사로서 생활하면서 잠시 떨어져 한국을 볼 수 있는 기회가 주어졌다. 우리 대한민국은 하나님의 축복을 많이 받은 나라이다. 이 세상에서 가장 큰 축복인 하나님을 믿게 된 축복을 천만 명이 넘게 받았고 단 시간 내에 경제적인 부흥까지 이루어 많은 발전을 일궈냈다.

    한국의 교육열은 상당히 높아 교육의 수준은 향상되었고 대부분의 젊은이들이 대학교, 전문대학교를 졸업하고 있다. 이처럼 세계에서 볼 때 영토가 작은 한국이 큰 경쟁력을 가지고 세계적인 선진국에 오를 수 있었던 것은 기적이라 할 수 있다.

    이처럼 뛰어난 인재들이 좁은 한국에 모여 있기에 자연스럽게 경쟁이 강화되었다. 내 이웃이 경쟁 상대가 되었고 내 친구가 라이벌이 되었다. 토익 점수 800점 이상이라면 상당한 영어 능력 소유자임에도 불구하고 치열한 경쟁으로 인해 더 많은 청년들이 그 이상의 점수를 위해 모든 방학 기간을 헌납하고 있다.

    입사 경쟁 또한 만만치 않고, 정규직 직원이 되기까지 상당히 많은 시간과 헌신이 요구되고 있다. 이로 인해 청년들은 지쳐 쓰러지고 있다. 더군다나 대한민국 중에서도 많은 사람들이 수도권 중심의 생활을 하고 있기에 더욱 숨 막히는 생활을 하게 된다. 이러한 상황 속에서 사람들은 대한민국을 '헬조선'이라 부르기 시작했다.

　대한민국 기업들이 해외에서 인정을 받게 된 이유는 국내 시장뿐만이 아니라 해외 시장을 개척했기 때문이다. 모든 기업들이 국내 시장에만 머물러 있었다면 우리나라는 이처럼 큰 경제 성장을 이룰 수 없었을 것이다. 국내 시장을 넘어 해외 시장으로 넓혀가면서 한국은 경제 성장과 함께 국가 발전을 이루어 나갔다.

　교회도 마찬가지이다. 많은 선교사가 세계 곳곳에 파송되어 여러 국가의 교회들을 섬기고 있다. 선교사가 늘어남에 따라 한국 교회도 자연스럽게 성장하였다. 영적인 축복이 넘쳐 흘러간 결과이다.

　이렇게 능력이 좋은 한국 청년들이 조금만 눈을 돌려 해외로 진출한다면 더 많은 성장과 만족하는 인생을 이룰 수 있을 것이다. 특히 크리스천 청년들이 선교의 비전과 꿈을 가지고 비즈니스 선교사로 헌신한다면 일석이조의 효과를 이룰 수 있을 것이다. 한국의 위상이 올라감과 함께 복음을 전할 수 있는 기회도 생긴다. 또 많은 청년들이 해외로 진출하면 자연스럽게 국내에서의 경쟁률이 줄어들게 되어 모두가 살기 좋은 환경이 조성될 수 있다. 지금 잠시 교회가 사회에서 어려움을 받고 있지만, 교회가 내부적인 활동보다는 선교사 파송에 힘을 기울이고 후원한다면 한 단계 높은 성장을 기대할 수 있을 것이다.

국내에서 거주하기를 희망하는 청년들은 북한 선교를 준비하는 시간을 갖기를 희망한다. 통일이 곧 다가오게 되면 우리 한국 청년들은 북한과 협력하여 경제 발전을 이룸과 함께 복음 전파에도 힘써야 한다. 경제를 재건하고 교회를 재건하는 일에 준비가 되어 있어야만 한다. 1945년 광복이 예상치 못하게 온 것처럼 통일도 언제, 어떤 형태로 이루어질지 알 수 없다. 그러므로 우리는 항상 준비하고 있어야 한다.

우리 한국은 세계복음화와 민족복음화에 힘을 쏟아 전진해 나갈 때 헬조선을 넘어 헤븐조선이 될 수 있을 것이다. 이 시대는 복음 전도자와 함께 많은 비즈니스 선교사가 필요하다. 또한 북한을 섬기고 장차 통일한국을 준비할 선교사가 필요하다. 이 거룩한 사역에 기꺼이 동참하기를 소망한다.

헤븐조선

1판 1쇄 인쇄 _ 2017년 2월 10일
1판 1쇄 발행 _ 2017년 2월 15일

지은이 _ 이수경
펴낸이 _ 이형규
펴낸곳 _ 쿰란출판사

주소 _ 서울특별시 종로구 이화장길 6
편집부 _ 745-1007, 745-1301~2, 747-1212, 743-1300
영업부 _ 747-1004, FAX 745-8490
본사평생전화번호 _ 0502-756-1004
홈페이지 _ http://www.qumran.co.kr
E-mail _ qrbooks@gmail.com / qrbooks@daum.net
한글인터넷주소 _ 쿰란, 쿰란출판사
등록 _ 제1-670호(1988.2.27)
책임교열 _ 오완·최찬미

ⓒ 이수경 2017 ISBN 978-89-6562-666-4 03230

책값은 뒤표지에 있습니다.
이 출판물은 저작권법에 의해 보호를 받는 저작물이므로 무단 복제할 수 없습니다.
파본(破本)은 구입처에서 교환해 드립니다.